AI 마케터가 온다

대화형 발견, 감정 설계,
몰입형 경험으로 판도를 뒤집는

AI
마케터가
온다

이승윤 지음

어크로스

AI알고리즘의 시대에도 변치 않는 창의성의 원천, 가족.

이원과 정원, 그리고 부모님께 이 책을 바칩니다.

차례 ─────────────────────────

4부 | **마케팅은 마음을 읽어내는 게임이다**
: 고객·시장분석가로서의 AI

AI시대, 마케터의 일

AI vs 사기꾼

"보이스피싱 사기범들에게는 오늘이 재수없는 날이 될 것이다."

경찰청 자료에 따르면, 2025년 상반기 국내 보이스피싱 피해자 1만 2339명 중 약 30퍼센트가 60대 이상 고령층이라고 한다. 피해 규모도 나날이 늘어나고 있다. 금융감독원 분석에 따르면, 2024년 하반기 2억 원 이상 고액 피해자의 과반수 이상이 60대 이상의 여성이었다고 한다. 이러한 사회문제를 '사기범들에게 아주 재수없는 날이 될 것'이라고 호기롭게 외치며, AI를 활용한 흥미로운 방식으로 풀고자 한 회사가 있다. 바로 영국의 대형통신사 버진미디어O2(Virgin Media O2)다.

버진미디어O2는 모바일·브로드밴드 서비스 제공자로, 소비자와 접점이 강한 브랜드다. 통신업계 특성상 사기전화, 스팸, 피싱 등 통신망을 악용한 범죄와 연관될 일들이 많다. 이 회사는 단순히 안정적인 통신서비스를 제공하는 것을 넘어서, AI를 통해 고객 보호와 신뢰 구축이라는 과제를 달성하고자 한다. 그렇게 시작된 것이 바로 '데이지 vs 사기꾼(Daisy vs Scammers)'이라는 캠페인이다. 영국도 한국과 마찬가지로 고령자들을 대상으로 한 보이스피싱 범죄가 늘어나고 있다. 버진미디어O2는 피해 예방용 경고성 메시지를 고객들에게 전달하는 기존 방식의 한계를 인식, 보다 실질적으로 문제해결에 도움될 수 있는 마케팅캠페인을 진행하고자 했다. 그래서 AI를 훈련시켜 실제 사람처럼 사기범과 대화하도록 만들었다. 사기범의 가장 귀중한 자원인 '시간'을 공격하는, 역발상전략의 캠페인을 고안해낸 것이다. 사기범들의 전화를 AI가 받음으로써 실제 고객들에게 접속하지 못하도록 막는 것이 캠페인의 목표였다.

버진미디어O2는 AI 및 대화형 기술을 활용하여 '데이지'라는 챗봇을 만들어냈다. 대화형 인공지능인 데이지는 다양한 사기전화패턴에 대응할 수 있도록 훈련되었는데, 유명 유튜브 '사기범 낚시꾼(Scambaiter)' 짐 브라우닝의 실제 콘텐츠도 훈련에 활용되었다. 이후 데이지는 범죄에 가장 취약한 노령층의 캐릭터를 반영, 78세의 친근한 할머니 캐릭터로 인격화되었다. 사기범들이 나이든 여성을 더 취약한 대상으로 여기기 때문에, 이 캐릭터에 속기 쉬우리라는 판단으로 선택한 전략이다. 대화 과정에서 발생할 수 있는 응답 지연이나 다소 어색한 말투도, 노년 여성의 캐릭터라면 부자연스럽지 않게 느껴지리라는 계산도 있었다. 다음 단계로 버진미디어O2는 통신 사기범들이 데이지의 번호로 전화할 수 있도록, 특정 번호들을 여러 곳에 의도적으로 노출하고 스팸전화 유입경로에 삽입하는 전략을 펼쳤다. 사기범들이 전화를 걸면 AI 할머니 데이지가 뜨개질 이야기, 손주의 결혼식, 은행계좌 이야기 등 끝없는 잡담을 늘어놓으며 최대한 오래 시간을 끈다. 그 결과, 일부 사기범과는 최대 40분 이상 통화를 유지하는 데 성공하기도 했다.

캠페인 초반에는 대중에게 알리지 않고, 비밀리에 데이지를 운영했다. 그리고 사기범들과 데이지 사이의 실제 통화를 기록, 데이지가 어떤 방식으로 사기범들을 멋지게 골탕 먹였는지 바이럴 영상으로 제작해서 공개했다. 이 광고에 대한 대중들의 호응은 폭발적이었다. 버진미디어O2의 자체 결과 보고에 따르면, 버진미디어O2의 사기 대응 만족도는 캠페인 이전 24퍼센트에서 이후 34퍼센트로 10퍼센트포인트 이상 상승했다. 이 캠페인에 노출된 사람들의 버진미디어O2 브랜드 호감도는 6.7퍼센트로

'버진미디어O2'의 '데이지 vs 사기꾼' 캠페인

데이지 캠페인의 성공이 의미하는 바는 크다. AI가 마케팅캠페인 영역에서 획기적인 전환점을 만들고 있음을 보여준 사례이기 때문이다.

올라갔다. 실제 범죄율 감소에도 기여했다. 보이스피싱 신고번호 인지도가 크게 올라갔고, 캠페인 직후 실제 신고 건수도 대폭 증가한 것으로 보고되었다.

데이지 캠페인의 성공이 의미하는 바는 크다. AI가 마케팅캠페인 영역에서 획기적인 전환점을 만들고 있음을 보여주는 사례이기 때문이다. 캠페인에 사용된 데이지는 일반적인 AI챗봇이 아니라, 전략적으로 만들어진 인격을 토대로 해당 마케팅캠페인을 주도하는 캐릭터 역할을 담당했다. 즉 이 캠페인은 AI가 인간보다 더 인간적인 역할을 완벽하게 수행할 수 있고, 준비된 무대에서 전문배우보다 더 뛰어난 연기를 할 수 있다는 사실을 증명한 셈이다. 동시에 AI기술을 활용하여 보다 더 창의적인 스토리텔링을 만들 수 있다는 점 또한 입증했다. 데이지에게 깊은 수준의 애정과 응원을 보내는 팬덤의 형성은 뜻밖의 이득이라 할 수 있다.

AI의 발달 vs 전문가의 소멸

바야흐로 AI의 시대다. 과거 특수한 산업영역에서 사용되는 하이테크기술로 여겨지던 AI가 어느 순간 우리 삶의 영역에 스며

들기 시작했다. 특히 마케팅 영역에서 AI는 다양한 형태로 혁신을 만들어나가고 있다. 오픈AI의 창업자 샘 올트먼이 "현재 마케터들이 에이전시, 전략가, 그리고 크리에이티브 전문가들에게 의존하는 작업의 95퍼센트는 AI가 거의 즉시 비용 없이 처리할 수 있을 것"이라 이야기했듯이, 전통적으로 마케터에게 요구되던 많은 능력들이 AI에 의해서 빠르게 대체되고 있다.

구글, 네이버 등 키워드 기반 검색엔진들이 챗GPT, 제미나이 같은 생성형AI로 대체되고 있는 현상, 권위 있는 미술대회 작품전에서 AI프로그램을 이용해 생성한 그림이 1위를 차지한 사례 등, AI의 영향력은 날로 영역을 넓혀가고 있다. 특히 이미지와 디자인 영역에서 AI의 약진은 상상을 초월한다. 2025년 4월 자신의 사진을 지브리 애니메이션 스타일로 변환하는 AI 이미지 생성이 폭발적으로 유행했다. 전 세계 사람들이 가족사진이나 반려견 사진 등을 AI에 업로드하여 지브리풍 이미지로 변환하고 이를 SNS에 공유하는 일을 놀이처럼 즐겼다. 이 때문에 챗GPT 사용량이 급격하게 늘어나면서, 샘 올트먼은 "우리 GPU가 녹고 있다"며 행복한 비명을 지르기도 했다.

AI 이미지 검색엔진 플랫폼 에브리픽셀(Everypixel)의 2023년 발표에 따르면, 매일 평균적으로 3400만 개의 이미지가 AI에 의해서 생성된다고 한다. 생성형AI가 대중화된 지 불과 1년 반 만

필자가 실제 강연하는 모습을 담은 사진을
'지브리스튜디오' 애니메이션 느낌으로 변환한 이미지

•

이미지와 디자인 영역에서 AI의 약진은 상상을 초월한다. 누구나 디자
이너가 될 수 있는 시대가 열린 것이고, SNS광고가 날로 중요해지는
현실 속에서 마케터는 생성형AI라는 든든한 지원군을 얻은 셈이다.

인 2023년 8월 기준으로 '텍스트-투-이미지 알고리즘'을 통해 150억 개 이상의 이미지가 만들어졌다고 하니 놀라울 따름이다. 인류가 처음 사진을 찍은 1826년부터 1975년까지 약 150년 동안 사진가들이 만들어낸 이미지의 총량인 150억 장가량을 AI는 2년도 걸리지 않아 생성해냈다. 정리하자면 누구나 디자이너가 될 수 있는 시대가 열린 것이고, SNS광고가 날로 중요해지는 현실 속에서 마케터는 생성형AI라는 든든한 지원군을 얻은 셈이다.

광고영상을 만들어내는 영역에서도 AI를 활용한 혁신이 이루어지고 있다. 2025년 6월 열린 NBA 파이널 3차전에서 경기 결과만큼 큰 화제를 모은 것이 하나 있었다. 바로 유튜브를 통한 경기 생중계 중간에 송출된, 금융거래 플랫폼 '칼시(Kalshi)'의 광고영상들이었다. 외계인이 등장하고, 노인이 맨손으로 악어 머리를 잡는 등 시청자의 눈길을 사로잡은 광고는 100퍼센트 AI로 만들어진 것이었다. 구글의 비디오 생성AI 'Veo3(비오3)'가 그 주인공으로, Veo3를 사용하면 이미지 한 장과 텍스트만으로 고화질 영상과 음향을 몇 분 내에, 그것도 초당 0.4달러 수준의 낮은 비용으로 자동 생성할 수 있다. 실제로 칼시의 스펙터클한 광고영상을 만드는 데 들어간 시간이 단 이틀이며, 제작비용이 한화로 270만 원에 불과했다는 사실이 알려지면서 더욱 큰 화제를 끌었다.

구글의 비디오 생성AI 'Veo3'로 제작된 금융거래 플랫폼 '칼시'의 광고 속 한 장면

빠른 속도와 효율적인 비용으로 광고를 찍을 수 있기에, AI를 통한 광고 제작 비율은 폭발적으로 성장하리라 예측된다.

이처럼 빠른 속도와 효율적인 비용으로 광고를 찍을 수 있기에, AI를 통한 광고 제작 비율은 폭발적으로 성장하리라 예측된다. 미국 인터랙티브광고국(Interactive Advertising Bureau, IAB)이 발표한 〈2025 디지털 비디오 광고전략 보고서〉에 따르면 미국 내 광고주 중 약 86퍼센트가 이미 생성형AI를 통해 광고를 만들어봤거나, 향후 제작할 계획이 있다고 답했다. 창의성을 필요로 하는 분야 중 하나로 꼽히는 광고에서도 AI가 전문가를 빠르게 대체하고 있는 것이다.

AI 크리에이티브 디렉터의 시대

2024년 3월 산업연구원은 〈AI시대 본격화에 대비한 산업인력 양성과제〉 보고서를 통해, AI가 얼마나 빠르게 사람의 일자리를 대체할 것인가에 대한 연구결과를 발표했다. 보고서에 따르면, 생성형AI의 출현과 다양한 AI 기반 서비스의 등장으로 현재의 일자리들이 급속도로 소멸될 수 있다고 한다. 특히 전문직 일자리의 대체 위험이 가장 큰 것으로 추정되었는데, 금융업의 경우 약 99퍼센트의 전문가가 소멸 위험에 처해 있다는 예측이 나왔다. 산업 전반에 걸쳐서 보자면 단순분석, 보고업무 중심의 중간

레벨 전문가들의 소멸이 빠르게 찾아오리라 예상된다.

그렇다면 AI시대에는 어떠한 인재들이 살아남게 될까? 많은 전문가들은 AI를 자신의 직업을 없앨 잠재적 '파괴자'가 아닌, 무한한 창의성을 이끌어내주는 '파트너'로 바라보는 사람들만이 성장하는 시대가 열릴 것으로 본다. 이를 흔히 'AI 크리에이티브 디렉터의 시대'라고 명명한다. 이제 AI는 브랜드의 창작, 탐색, 이해, 소통의 전 과정에 스며든 창의적 파트너이자 감정적 매개체로 작동한다. 즉 AI 크리에이티브 디렉터란 AI를 창의적인 도구로 바라보며, 이를 적극적으로 활용하여, 독특하고 기발한 비전과 아이디어를 구현하는 사람을 뜻한다. 또한 AI 크리에이티브 디렉터의 시대란, 기술을 '효율의 도구'가 아닌 '경험과 감성의 설계자'로 활용하는 시대를 의미한다.

이 책은 마케팅 영역에서 AI 크레이티브 디렉터가 될 수 있는 방법을 소개한다. AI를 창의적인 도구로 활용하기 위해, 우리가 들여다봐야 할 변화를 일곱 개의 부로 나누어 살펴볼 것이다.

먼저 AI는 다양한 콘텐츠를 창작(Creating)하는 방식에 큰 혁신을 가져올 것이다. 1부와 2부는 콘텐츠 기획과 창작이라는 관점에서 AI가 어떻게 사람의 마음을 움직이는 스토리텔러로 활약 가능한지, 또 비주얼 분야의 창의성을 확장시켜주는 디자이너로서 기능할 수 있는지 살펴보겠다.

또한 AI는 콘텐츠를 찾는(Finding) 방식에도 변화를 일으킬 것이다. 3부에서는 AI를 통해 더 개인화되고, 쌍방향소통으로 변화해가는 검색시장에 대해 알아보도록 하자.

핵심타깃 소비자를 이해하는(Understanding) 방식에도 AI가 불러올 변화는 상당하다. AI는 보다 더 정교하게 데이터에 흩어진, 고객의 숨은 욕망을 읽어내줄 것이다. 그리고 이를 기반으로 소비자의 욕망에 가장 적합한 콘텐츠를 추천해주는 작업들을 끊임없이 이어갈 것이다. 이것이 우리가 4부와 5부에서 알아볼 고객·시장분석가로서의 AI와 SNS광고 집행자로서의 AI에 대한 이야기다.

마지막으로 6부와 7부에서는 오감 창조자로서의 AI와 리테일매장 판매직원으로서의 AI를 만나볼 예정이다. AI는 고객과 소통하는(Communicating) 방식에도 커다란 혁신을 가져올 전망이다. 인간처럼 오감을 통해 학습하고 발전하는 멀티모달리티(Multi Modality)AI의 등장은, 고객이 외부의 자극물들과 소통하는 방식에 변화를 일으킬 것이다. 더불어 다양한 AI기술의 활용을 통해 리테일공간은 온라인과 오프라인이 보다 더 긴밀하게 결합되어, 최상의 고객경험을 전달하는 곳으로 성장해나갈 예정이다.

디지털 전환시대의 핵심전략

디지털 전환시대, 가장 중요한 전략 중 하나가 바로 고객경험여정(Customer Experience Journey, CEJ)을 변화된 고객에 맞게 구성하는 것이다. 고객경험여정은 고객이 기업의 제품과 서비스를 '인지'하고 '탐색'하며 경쟁자와 '비교'하고 결국 '구매' 단계에 이른 뒤 '구매 이후 경험'까지 잘 관리되어 궁극적으로 브랜드의 팬으로 변해가도록, 단계단계를 치밀하게 관리하는 전략이다. AI는 이 고객경험여정의 많은 단계에서 끊임없는 혁신을 만들어나갈 것이다.

그렇기에 단선적으로 AI의 영향력을 살펴기보다는 구조적인 틀 안에서 변화를 학습하는 것이 AI를 보다 창의적으로 활용할 수 있는 방법이라 본다. 이 책이 '창작 단계', '탐색/검색 단계', '이해/분석/매칭 단계', '소통/체험 단계'라는 고객경험여정상의 주요 키워드들을 중심으로 구성된 이유다.

AI는 이제 더 이상 단순한 기술적 도구가 아니다. AI는 브랜드가 고객과 감정적으로 연결될 수 있는 '계기(Trigger)'를 만들어내며, 고객이 '브랜드의 가치를 소비하는 존재'에서 '이야기를 전파하는 동반자'로 진화하도록 돕는다. 이러한 변화는 CEJ의 마지막 단계인 옹호(Advocacy)와 직접적으로 연결된다. AI는 고객

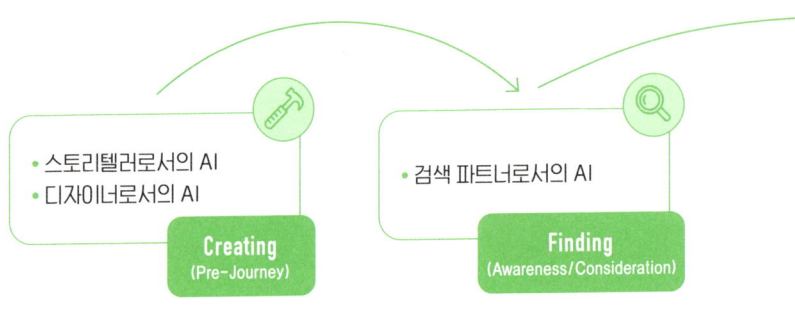

고객경험여정 전반에 걸친 AI의 영향력

- 스토리텔러로서의 AI
- 디자이너로서의 AI

Creating
(Pre-Journey)

- 검색 파트너로서의 AI

Finding
(Awareness/Consideration)

Fandomizing

의 긍정적 경험을 콘텐츠로 재생산할 수 있게 만들고, 그 결과 고객은 브랜드의 팬이자 공동창작자로서 브랜드 서사 형성에 참여한다. 이러한 과정을 통해 브랜드는 단순히 충성도를 관리하는 수준이 아니라, 지지자를 팬덤화(Fandomizing)하는 새로운 형태의 관계 진화를 경험하게 된다. 이제 AI가 기술적 도구의 역할을 넘어, 브랜드와 고객이 감정적으로 연결되는 '팬덤의 촉매(Fandom Catalyst)'로 작동하는 시대가 열렸다.

마지막으로 이 책을 집필하기까지 도움을 주신 많은 분들에게 감사하다는 말을 전하고 싶다. 무엇보다도 든든한 디지털마케팅

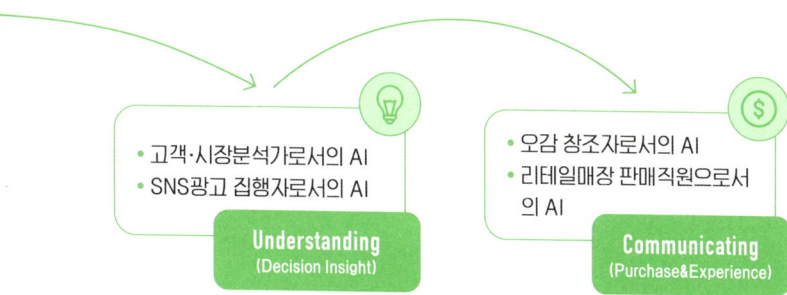

고객·시장분석가로서의 AI
SNS광고 집행자로서의 AI

Understanding
(Decision Insight)

오감 창조로서의 AI
리테일매장 판매직원으로서의 AI

Communicating
(Purchase&Experience)

Advocacy)

연구소(www.digitalmarketinglab.co.kr) 연구원들에게 감사한 마음을 전한다. 졸업생, 대학원생, 학부생으로 구성된 이 연구단체는 지난 몇 년간 AI와 관련된 다양한 세미나를 진행해왔다. 이들과 함께한 공부 속에서 발견된 인사이트들이, 이 책을 발전시키는 데 큰 도움이 되었다. 세미나를 전반적으로 이끌어준 건국대학교 장성욱 박사에게 특별히 무한한 감사의 마음을 전한다. 국내 최고의 종합경제일간지 〈매일경제〉에도 특별한 감사의 말씀을 전한다. 이 책이 나온 지금까지 오랜 기간 '이승윤의 디지털로 읽다'라는 이름하에, AI와 디지털과 관련된 다양한 이슈들을 기고글로 소개하고 있다. 이 코너를 통해 다양한 혁신기업들의 AI

도입 사례들을 정리할 수 있는 기회를 가질 수 있었다. 책이 나올 때마다 큰 격려와 관심을 보여주는 가족과 지인들에게도 이 지면을 빌려 감사한 마음을 전하고 싶다. 책의 가치를 더욱 크게 만들어준 어크로스 출판사 관계자들에게도 감사한 마음을 전한다. 어떠한 방식으로 AI를 중심으로 한 마케팅의 변화를 살펴볼까 고민할 때, 출판사가 던져준 좋은 질문들이 책의 방향성을 잡는 데 큰 도움이 되었다.

AI를 단순한 기술의 차원을 넘어 경영 전반에서 어떻게 가치 있게 활용할 수 있을지 고민하기 위해 여러 전문가들과 함께 'AI 혁신경영학회'를 설립했다. 앞으로 이곳에서 다양한 연구자, 실무자들과 함께 협력하며, AI가 더 바람직하고 지속 가능한 방향으로 쓰일 수 있는 길을 탐구해나갈 것이다. 이 책이 그러한 여정의 첫 번째 출발점이 되기를 바란다.

2025년 가을, 江景齋(강경재)에서

이승윤

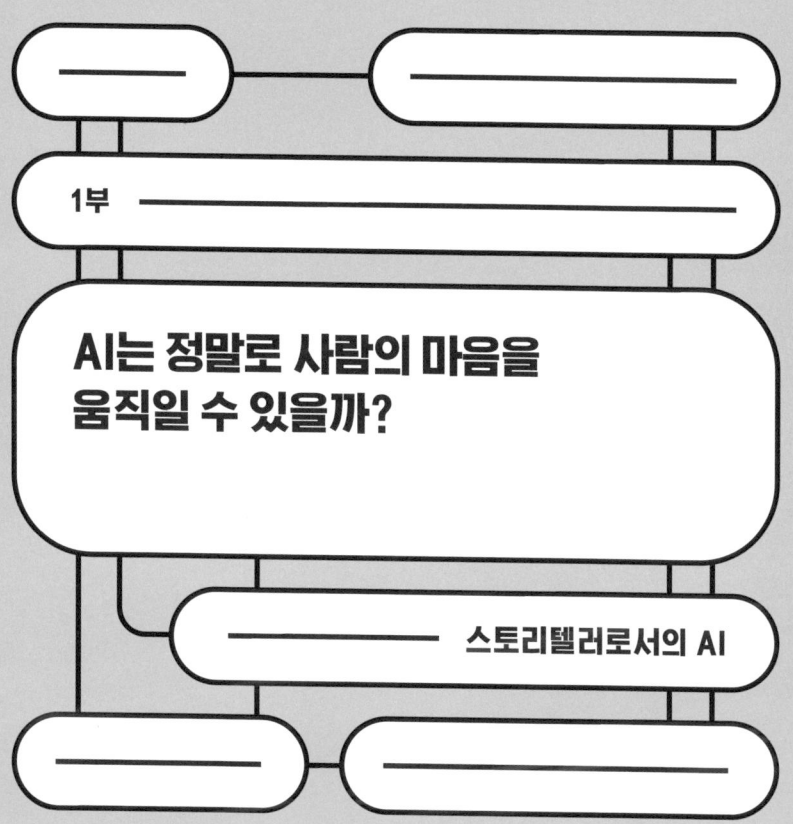

1부

AI는 정말로 사람의 마음을
움직일 수 있을까?

스토리텔러로서의 AI

NEXT 봉준호 감독의 경쟁자는 AI?

"나도 살아남기 위해 AI가 절대 쓸 수 없는 시나리오를 어떻게 쓸 것인가 매일 밤 고민하고 있다."

영화감독 봉준호가 2025년 신작 〈미키 17〉을 발표하는 기자 간담회에서 한 말이다. 영화 〈기생충〉으로 제72회 칸영화제 황금종려상을 수상하고 제92회 아카데미시상식에서 4관왕을 달성하며 한국 영화의 새로운 역사를 쓴 그조차도, AI의 스토리텔링 능력이 인간 창작자에 버금갈 만큼 뛰어난 수준임을 인정한 대목이다.

스토리텔링(storytelling)은 말 그대로, 알리고 싶은 정보를 이야기(story)의 형식으로 재미있고 생생하게 전하는(telling) 것이다. 지금까지 문학이나 예술, 영화뿐 아니라 마케팅 영역에서도 다양하게 활용되어왔는데, 최근 심상치 않은 흐름이 감지되고 있다. 스토리텔링의 주체가 인간에서 AI로 옮겨가고 있는 것이다.

AI 스토리텔링에서 가장 눈에 띄는 행보를 보이는 분야는 문학이다. 일본의 소설가 구단 리에는 제170회 아쿠타가와상 수상작 《도쿄도 동정탑》을 구상하는 과정에서 생성형AI를 적극적으로 사용했고, 책의 약 5퍼센트는 AI가 만든 문장을 그대로 인용했다고 밝혀 논란을 일으켰다. 국내 월간지 〈아르떼〉와의 인터뷰에 따르면, 구단 리에는 생성형AI를 취재 대상으로 상정해 대화를 주고받으면서 소설의 얼개를 짰다고 한다. '교도소라는 명칭을 현대적 가치에 맞게 업그레이드한다면 무엇이 좋을까?' 같은 질문을 던지고 AI의 대답을 소설에 직간접적으로 반영한 것이다. AI를 활용한 작품이 권위 있는 문학상을 받은 일이 불러올 부정적인 영향에 대해서, 그녀는 창작의 폭을 확장할 수만 있다면 문제될 게 없다는 입장을 취했다.

그런가 하면 미국의 작가 로스 굿윈은 마이크, 카메라, GPS 등을 장착한 자동차로 뉴욕에서 뉴올리언스까지 여행하며 수집한 차량 내부 대화, 주변 풍경 및 위치를 데이터화하고 AI가 실시간으로 텍스트를 생성하도록 했다. 그리고 그 텍스트를 기반으로 《1 the Road》라는 소설을 내면서 화제를 모았다. 이와 관련 로스 굿윈은 인간이 일상이나 여행에서 오감을 통해 외부의 정보들을 해석하고, 이를 아름다운 문장들로 빚어내는 행위가 AI를 통해서도 가능한지에 대한 실험이었다고 설명했다.

비슷한 사례는 국내에도 있다. 제42회 김수영문학상을 수상한 시인 박참새는 시집 《정신머리》에 실은 시 〈Defense〉가 챗 GPT와 협업한 산물이라고 밝혔다. 이 시는 영어와 한국어가 교차 서술되는 독특한 형태를 띤다. 시인이 영어로 시를 쓰고, 챗 GPT가 한국어로 번역한 문장을 덧붙인 것이다. 시와 같은 짧은 글에서 번역의 역할은 아주 크다. 단순하게 말의 의미를 옮기는 작업을 넘어 언어와 문화 간의 경계를 자연스럽게 잇는 예술창작의 영역에 가깝다. 박참새 시인은 '북티크'와의 유튜브 인터뷰에서 AI가 자신의 스토리텔링을 만들어내는 데 긍정적인 영향을 주는 존재이며, 탈고 직전처럼 시간에 쫓기는 상황이나 작품에 대한 객관적인 피드백을 얻고 싶을 때 챗GPT를 적극 사용한다고 설명했다.

훌륭한 스토리텔링을 위해 인간과 AI가 긍정적인 영향을 주고받으며 협업하거나 경쟁하는 시대가 열렸다. 뛰어난 스토리텔러에 대한 정의 자체도 달라져야 한다는 뜻이다. 과거의 스토리텔러가 창의력을 발휘해 콘텐츠를 만드는 사람이었다면, AI시대의 스토리텔러는 AI라는 파트너와 함께 아이디어를 선별하고 융합하면서 창의적 콘텐츠를 만드는 사람이다. 한마디로, 창작자보다는 지휘자로서의 역량이 중요해지는 것이다.

AI의 '계산된 창의성'

AI기술이 급속하게 발전하면서 스토리텔링 영역에서의 혁신도 급격하게 이뤄지고 있다. 앞으로는 챗GPT 같은 대규모언어모델(LLM)에 기반한 프로그램을 통해서 인간이 만들어내는 수준 이상의 창의적 스토리텔링이 가능할지도 모른다. AI가 과거의 뛰어난 스토리텔링들을 학습하고, 서사에 매력을 더하는 캐릭터의 특성을 분석하여, 독창적인 이야기 소재와 구조를 제시하게 될 전망이다.

이러한 혁신은 AI의 '계산된 창의성(Computational Creativity)'에 기반한다. 한마디로 AI가 인간의 창작과정을 모방하고 보완하여 기존의 스토리를 독창적으로 재구성한다는 뜻이다. AI의 스토리텔링 능력은 '트랜스포머 모델'이라는 LLM 기반의 기술 발달로 급격히 향상되고 있다. 트랜스포머 모델은 자연어처리(Natural Language Processing, NLP)에 특화된 생성형AI의 기본 알고리즘으로, AI가 인간의 언어적 맥락을 이해함으로써 이를 바탕으로 이야기를 창작하게 해준다. 그렇게 AI는 방대한 언어 데이터로부터 서사구조와 캐릭터의 성격이나 감정표현 등을 학습하게 되었고, 인간이 생각하지 못하는 다양한 형태의 이야기들을 만들어낼 수 있게 되었다. 이처럼 AI가 불러온 스토리텔링의 혁신은 마케팅과 광고 영역에서도 이전과는 다른 새롭고 흥미로운 방식으로 드러나고 있다.

규칙 기반 접근법과 확률적 모델

AI가 스토리텔링을 만드는 방식은 두 가지다. 규칙 기반(Rule-Based) 접근법과 확률적 모델(Probability Model)이 그것이다.

먼저 규칙 기반 접근법은 좋은 스토리텔링의 보편적 공통점을 발굴하여 규칙과 구조를 세운 뒤, 이를 바탕으로 이야기를 생성하고 전개하는 방식이다. 마케팅 영역에서 규칙 기반 접근법을 잘 보여주는 스토리텔링 방식으로는 '영웅의 여정' 구조가 있다. 여기에 충실한 사례가 마블스튜디오의 '어벤져스' 시리즈의 시작을 성공적으로 열었던 영화 〈아이언맨〉이다.

'영웅의 여정' 구조는 보통 '일상-모험의 시작과 분리-패배-고난과 시련-승리-깨달음과 함께 귀환'의 단계로 이루어진다. 〈아이언맨〉의 내용을 한번 떠올려보라. 영화 초반부에서 주인공 토니 스타크가 무기 제조회사 스타크인더스트리 CEO이자 억만장자이며 천재 공학자로 화려한 삶을 사는 모습은 '일상' 단계에 해당한다. 그의 화려한 삶은 '모험의 시작과 분리' 단계를 맞이하며 완전히 바뀐다. 아프가니스탄에서 무기 시연을 마치고 귀환 하던 중 테러리스트의 공격을 받고 납치된 것이다.

'패배' 단계에서 토니는 자신의 회사에서 만든 무기가 악용되어 무고한 이들에게 고통과 피해를 주는 현실을 목도하고 절망한다. 그리고 정체성의 위기를 느끼면서 심리적 패배를 맛본다. 이어 '고난과 시련' 단계에서 토니는 동료 수감자 인센 박사와 함께 최초의 아이언맨 슈트를 만들지만 탈출 과정에서 박사가 사망하고 만다. 무거운 책임감과 교훈을 느낀 토니는 회사로 돌아와 무기 제조를 중단하기로 하고, 이를 두고 갈등을 빚은 회사의 2인자 오베디아 스탠이 배신하면서 또 다른 시련을 겪게 된다.

토니는 스탠이 만든 거대 슈트 '아이언몽거'와의 싸움에서 이김으로써 '승리' 단계에 다다르고, 이후 기자회견을 열어 자신이 아이언맨이라는 사실을 공개적으로 밝힌다. 이 '깨달음과 함께 귀환' 단계에서 그는 새로운 정체성과 신념을 가진 존재로 그려지고, 관객들은 진정한 영웅이 탄생했음을 느끼게 된다.

이러한 '영웅의 여정' 스토리텔링 구조는 마케팅에도 접목할 수 있다. 주로 브랜딩의 근간이 되는 창업 이야기를 주제로 하는 경우가 많은데, 애플이 창업자 스티브 잡스의 삶을 '영웅의 여정' 구조에 맞춰 브랜드 스토리텔링에 적극 활용한 것이 대표적인 사례다.

'영웅의 여정' 스토리텔링의 단계

단계	주요 내용
일상	주인공은 평온한 일상을 보내면서도 허전함, 불만족을 품고 있다.
모험의 시작과 분리	주인공은 전혀 예상치 못한 사건에 휘말리며 평범한 일상에서 멀어지고 모험에 뛰어든다.
패배	모험 과정에서 주인공은 자신의 단점이나 지난날의 잘못된 결정을 돌이켜보면서 깊은 패배감을 경험한다. 그렇게 주인공이 기존에 지닌 정체성이 붕괴된다.
고난과 시련	고난과 시련의 시간을 보내면서 자신의 결점을 극복하기 위한 변화를 만들어낸다.
승리	혹독한 시련을 겪은 후 내적·외적 성장을 통해 마침내 승리한다.
깨달음과 함께 귀환	일상으로 복귀하면서 주인공의 여정은 끝나지만, 이전과는 다른 깨달음과 성장을 주변에 공유하며 긍정적인 변화를 일궈간다.

'영웅의 여정' 외에도 보편적으로 쓰이는 스토리텔링 구조로는 시나리오 작가 블레이크 스나이더의 '비트 시트(Beat Sheet)', 영화 제작자 댄 하먼의 '스토리 서클(Story Circle)' 등이 있다. 비트 시트는 각 장면(beat)이나 주요 전환점 등을 순서대로 나열해 전체 흐

스티브 잡스의 삶을 '영웅의 여정' 구조에 대입한 애플의 스토리텔링 마케팅

단계	스티브 잡스에 대한 스토리텔링	애플의 스토리텔링 마케팅
일상	1970년대, 스티브 잡스는 애플을 창업하고 초기 매킨토시를 출시하며 IT산업의 아이콘으로 떠올랐다. 그의 비범하고 창의적인 아이디어는 세상의 이목을 끌었다.	'다르게 생각하라(Think Different)' 광고캠페인을 통해 기존과는 차원이 다른 혁신, 창의성의 상징으로 스티브 잡스를 부각하며 브랜드 이미지를 구축했다.
모험의 시작과 분리	1985년, 잡스는 사내 갈등으로 인해 애플에서 해고되었다. 자신이 세운 회사에서 강제로 쫓겨나는 비극을 경험하게 된 것이다.	잡스가 애플과 분리된 경험을 은유적으로 활용하여, 광고에서 '끊임없는 도전'과 '위기 극복의 정신'을 강조했다.
패배	애플에서 쫓겨난 잡스는 좌절과 패배감에 빠진다. 가치관과 자존심에 심각한 상처를 입은 그는 무척 힘든 시기를 보냈다.	잡스가 이때의 좌절과 패배감을 딛고 훗날 애플에 다시 복귀한 이야기를 드라마틱하게 풀어내어, 어려움 뒤에 오는 승리를 강조했다.
고난과 시련	잡스는 '넥스트'를 창립하고 애니메이션 제작사 '픽사'를 인수해 새로운 도전에 뛰어들었다. 넥스트는 상업적으로는 실패했지만, 훗날 기술적 가치를 인정받아 애플에 재인수됐다.	잡스를 도전적이고 카리스마 넘치는 리더로 묘사하며 승리를 일군 영웅의 이미지를 부여했다.

승리	1997년 애플에 복귀한 이후 잡스는 아이맥, 아이팟, 아이폰 등을 출시하면서 애플을 글로벌 기업으로 성장시켰다. 그는 창의적인 리더이자 혁신의 상징으로 다시 떠올랐다.	애플의 신제품 발표회에 스티브 잡스를 직접 등장시킴으로써 '애플=잡스'라는 인식을 공고히 했다.
깨달음과 함께 귀환	잡스는 애플을 성공적으로 재건하고 혁신적 제품, 창의적 사고, 영감과 비전을 널리 전파한 뒤 2011년에 세상을 떠났다.	잡스의 영감과 비전은 애플이라는 브랜드의 DNA로 계속되고 있다는 메시지를 전달했다.

름을 시각적으로 정리하는 방식이고, 스토리 서클은 세 개의 막과 여덟 개의 플롯 포인트로 이야기를 구성하는 방식을 뜻한다.

어떤 구조를 사용하든 핵심은 애플처럼 성공적인 서사를 지닌 사례들을 데이터화하여 AI에게 학습시키고, 자사 브랜드에 최적화된 스토리텔링 방식을 찾아 광고캠페인을 구사해야 한다는 것이다. 규칙 기반 접근법으로 스토리텔링 구조를 만들어낼 때의 장점은, 검증된 성공 사례를 모방함으로써 실패의 가능성을 줄인다는 데 있다. 하지만 이야기의 흐름이 유연하지 않고 창의성이 제한될 수 있다는 약점도 존재한다. 이런 한계를 극복하기 위한 방법이 바로 확률적 모델이다.

확률적 모델은 AI가 학습된 이야기 데이터를 바탕으로 다음 이야기를 확률적으로 예측하고 생성하는 방식이다. 2019년에 출시된 인공지능 텍스트게임 〈AI 던전〉의 사례를 살펴보자. 플레이어가 원하는 게임 장르를 선택하고 텍스트를 입력하면, AI가 학습된 데이터에 근거해 그다음에 나올 문장을 예측하여 출력한다. 즉 플레이어가 입력한 내용에 따라 AI가 다음 이야기를 확률적으로 결정하여 스토리를 전개하는 것이다. 만일 플레이어가 '사악한 마녀가 사는 숲속으로 들어가 납치된 동생을 구한다'라고 쓰면 AI는 숲속의 풍경과 상황, 등장인물, 마녀의 모습 등을 확률에 근거해 생성해나간다.

AI를 활용한 스토리텔링은 규칙 기반 접근법과 확률적 모델을 결합하는 방식으로 끊임없이 발전하고 있다. 스토리의 전체 구조를 설계할 때에는 스토리텔링의 성공 사례를 발굴해 구조화시키고, 세부적인 내용들은 확률에 따라 전개해나가는 것이다. 실제로 이는 마케팅과 브랜딩, 광고캠페인 전반에서 다양한 시도들로 드러나고 있다.

2019년 자동차회사 렉서스는 '렉서스 ES' 모델을 위한 광고캠페인의 스토리텔링을 IBM의 인공지능 '왓슨'을 통해 만드는 파격을 선보였다. 제작과정은 이렇다. 가장 먼저 왓슨에게 세계적 권위를 지닌 광고제 '칸라이언즈'의 수상작 데이터 15년 치와 렉서스가 이어온 브랜드 가치들을 학습시켜, 두 데이터가 접점을 이루는 요소들을 추출했다. 다음으로 뉴사우스웨일스대학교 산하의 연구기관 '마일드X'와 협업하며 소비자들이 광고캠페인을 볼 때 감성적인 경험을 선호한다는 사실을 도출하고, 비디오 광고플랫폼 '언룰리(Unruly)'의 데이터를 바탕으로 사람들의 감정을 강하게 건드리는 요소들을 알아냈다.

이러한 과정을 거쳐 왓슨은 긴장감과 불안감, 안도와 안심, 감동과 울림, 낭만적 서사 등 특정 감정을 유발하게 하는 스토리라인을 생성하고, 자동차 광고에 들어맞는 여러 조건들을 제안했다. 요약하자면 자동차의 주행 자체보다 자동차를 둘러싼 서사에 중점을 두는 방식이었다. 스토리를 이끌어가는 인물의 정체성을 운전자나 엔지니어 같은 직업인보다 남편이나 아버지에 방점을 둔 이유도 여기에 있다.

렉서스가 발표한 바에 따르면, AI가 완성한 광고 스크립트는 아주 독창적이고 감동적이었으며 인간이 만든 스크립트와 거의 구별하기 어려울 만큼의 완성도를 갖췄다. AI가 만들었기에 흥미롭게 다가오는 의외의 지점도 있었는데, 자동차를 감정을 지닌 존재로 묘사하거나 사람들이 화면으로 재난을 관찰하는 모습을 냉소적으로 그린 것 등이다.

이 스크립트는 영화감독 케빈 맥도널드에 의해 '직관 주행

렉서스의 '렉서스 ES' 광고캠페인의 한 장면

2019년 자동차회사 렉서스는 '렉서스 ES' 모델을 위한 광고캠페인의
스토리텔링을 IBM의 인공지능 '왓슨'을 통해 만드는 파격을 선보였다.

(Driven by Intuition)'이라는 광고로 만들어졌다. 광고는 자동차 충돌 테스트 장면과 이를 지켜보는 엔지니어의 모습을 보여주면서 긴장감을 불러일으키는 동시에, 엔지니어의 딸을 의도적으로 등장시켜 '아버지와 딸'이라는 관계성을 부각하는 형태로 클라이맥스를 장식한다. AI가 창작의 보조 역할을 넘어서 독립된 스토리텔러로 활동하는 시대가 머지않았음을 알리는 대목이다. 이제 AI는 인간과 비슷한 수준으로 스토리텔링을 만드는 것을 넘어서, 사람들이 더 깊이 있게 수용할 수 있도록 과학적인 근거를 수집하며 스토리의 신뢰성까지 높이고 있다.

국내의 경우 CJ ENM이 자체 개발한 'AI스크립트'라는 기술을 적극적으로 활용하고 있다. AI스크립트는 성공하는 스토리 패턴, 각 나라별 중요하게 판단되는 문화적 요소, 최신 트렌드 등을 종합해 AI가 좋은 스토리텔링을 구성하기 위한 방향 및 IP를 발굴해주는 기술이다. 이처럼 콘텐츠기업들은 AI를 통해 스토리텔링의 새로운 가능성을 끊임없이 열어나가고 있다.

'만약에'를 현실로 만드는 법

우리는 늘 새로운 상상, 색다른 이야기에 매료된다. 그것이 실현

불가능한 꿈의 이야기일수록 사람들은 더욱 귀를 기울인다. 자, 한번 생각해보자. 역대 최고의 축구선수는 누구인가? 누군가는 1950~1960년대 최고의 기량을 선보인 '축구 황제' 펠레를 떠올리고, 누군가는 지금 이 순간에도 축구 역사를 새롭게 쓰고 있는 리오넬 메시를 언급할지 모른다. 농구의 세계도 마찬가지다. 농구 팬들은 지금까지도, 은퇴한 농구 황제 마이클 조던과 현역 선수인 르브론 제임스 중 누가 더 기량이 뛰어난가를 두고 열띤 논쟁을 벌인다. 만약에 한 시대를 풍미한 이 선수들이 최상의 컨디션으로 맞붙을 수 있다면 어떨까? 결코 실현될 수 없는 경기이기에, 모두가 보고 싶어 하는 최고의 스토리를 가진 콘텐츠가 될 것이다.

사람들이 궁금해하는 흥미로운 상상에 객관적으로 답하는 AI 스토리텔링으로 소비자를 사로잡은 성공 사례가 있다. 바로 나이키의 창립 50주년 광고캠페인 '진화는 결코 끝나지 않는다(Never Done Evolving)'다. 2022년 나이키의 홍보대사로 오래도록 활약한 테니스 스타 세리나 윌리엄스가 US오픈대회를 끝으로 은퇴하겠다고 발표하자, 나이키는 AI기술을 활용해 그녀와 나이키를 위한 흥미로운 캠페인을 만들어보기로 했다.

나이키는 디자인 및 커뮤니케이션 대행사 AKQA스튜디오와 함께 1999년과 2017년에 진행한 세리나 윌리엄스의 경기영상

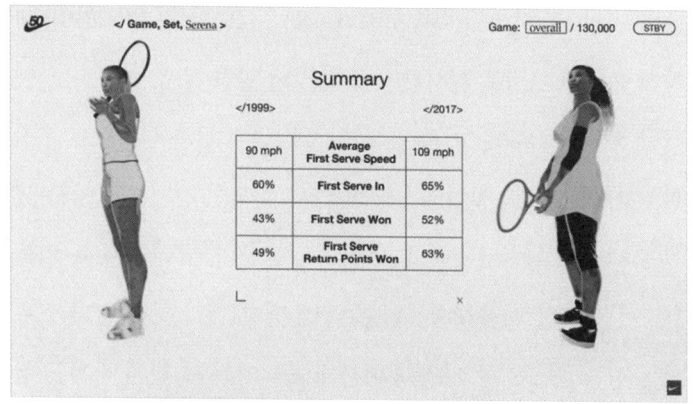

나이키 광고캠페인 '진화는 결코 끝나지 않는다'의 한 장면

이전에는 상상으로 만족해야 했던 이야깃거리가 이제는 AI기술을 통해 실제로 구현 가능하다. 이런 상황에서 마케터들이 해야 할 시도는 분명하다. AI기술을 통해 다양한 소셜미디어 채널을 훑으며 이야깃거리의 원천을 수집하고, 이를 조합하여 '만약에~'라는 소비자들의 상상에 창의적인 스토리로 응답하는 것이다.

을 수집한 뒤 AI에게 학습시켰다. AI는 그녀의 경기 스타일, 결정적 순간에 보이는 의사결정방식, 샷의 방향 선택, 반응속도, 민첩성 등을 분석했다. 이를 토대로 1999년 무서운 신인으로 부상한 17세의 세리나 윌리엄스와 2017년 관록의 경기를 보여준 35세의 세리나 윌리엄스를 AI모델로 구축했다. 그러고는 두 인물 간 가상경기를 시뮬레이션하여 약 13만 개에 달하는 경기 스토리를 생성하고, 그중 가장 흥미롭게 흘러가는 세 건의 경기를 광고캠페인으로 제작했다.

과거의 세리나와 현재의 세리나가 맞붙는 이 스토리텔링은 그녀의 팬과 소비자들에게 엄청난 호응을 받았다. 무엇보다도 신체적으로 더 젊은 1999년의 세리나 못지않게 은퇴를 앞둔 2017년의 세리나가 지닌 경기력이 비등비등한 수준임을 보여줌으로써, 이 세계적인 선수가 20년 가까운 세월 동안 얼마나 부단한 노력을 해왔는지를 감동적인 스토리로 전달했다.

세리나 윌리엄스뿐이겠는가. '만약에 28세의 마이클 조던과 28세의 르브론 제임스가 일대일 경기를 한다면?'처럼 이전에는 상상으로 만족해야 했던 이야깃거리가 이제는 AI기술을 통해 실제로 구현 가능하다. 이런 상황에서 마케터들이 해야 할 시도는 분명하다. AI기술을 통해 다양한 소셜미디어 채널을 훑으며 이야깃거리의 원천을 수집하고, 이를 조합하여 '만약에~'라는 소비자들의 상상에 창의적인 스토리로 응답하는 것이다.

스토리텔링의 핵심요소, 있음직한 이야기

사람의 마음을 움직이는 스토리를 AI로 어떻게 설계할 수 있을까? 신한금융그룹의 '기발한 꿈' 광고캠페인의 한 에피소드에서 그 실마리를 발견할 수 있다.

　대중에게 잘 알려지지 않은 어느 무명배우가 화면에 등장한다. 길어지는 무명생활과 현실의 장벽 앞에서 힘든 시간을 보내는 그는 자신의 꿈 중 하나가 '최우수연기상'을 받는 것이라 말한다. 그러자 화면에 25년 뒤 그 꿈을 실제로 이뤄낸 그의 모습이 나온다. 이 광고캠페인은 유튜브와 인스타그램에서 100만 회가 넘는 조회 수를 기록하며 젊은 세대에게 큰 공감을 이끌어냈다.

　이 광고는 금융회사들이 일반적으로 부각하고 싶어 하는 '미래에 대한 희망과 꿈'이라는 프레임을 갖추고 있다. 보험이나 연금, 투자, 대출과 관련된 금융상품을 홍보하기 위한 광고에서도 이런 메시지를 전달하는 경우가 많은데, 주로 소비자의 성장과 성취욕구를 자극하는 데 초점이 맞춰져 있다. 이때 광고의 성패

신한금융그룹의 광고캠페인 '기발한 꿈'의 한 장면

●

광고 스토리텔링의 핵심요소 중 하나가 바로, 있음직한 이야기를 만들어내는 것이다. 소비자를 이야기에 몰입시키고 핵심 메시지에 설득당하게 하려면, 현실적이고 신뢰할 수 있는 이야기를 만들어내는 것이 중요하다.

를 좌우하는 핵심은 메시지의 신뢰성이다. 신한금융그룹의 광고를 보면, 클라이맥스 장면에서 '미래의 나'가 '현재의 나'를 응원하고 감사해하는 이색적인 모습이 연출된다. '현재의 나'가 '미래의 나'를 만나는 가정을 'AI 딥 휴먼(AI DEEP HUMAN)' 기술을 활용해 사실적이고 객관적으로 구현해 전달했기 때문에, 광고의 메시지에도 신뢰감을 부여할 수 있었다. 무엇보다 중요한 건, 소비자들이 광고를 보면서 '있음직한 이야기'로 받아들였다는 사실이다.

광고 스토리텔링의 핵심요소 중 하나가 바로, 있음직한 이야기를 만들어내는 것이다. 소비자를 이야기에 몰입시키고 핵심 메시지에 설득당하게 하려면, 현실적이고 신뢰할 수 있는 이야기를 만들어내는 것이 중요하다.

있음직한 이야기의 효과는 일찍이 과학적으로 검증되었다. 오하이오주립대학교의 심리학 교수 멜라니 그린과 티모시 브록은 소비자의 몰입감을 높이는 스토리텔링 요소에 대해 연구하고, 이를 〈성격 및 사회심리학 저널〉에 발표했다. 연구결과에 따르면 이야기가 현실적으로 느껴질 법한 요건을 충족했을 때 설득력이 높아지고, 사람들이 이야기 속 캐릭터나 해당 브랜드를 긍정적으로 평가했다. 있음직한 이야기일수록 사람들의 기억 속에 오래 남는다는 연구결과도 존재한다.

2024년 9월 경찰청과 인생네컷이 함께 주관한 '실종아동네컷' 캠페인은 AI를 통해 있음직한 스토리를 구현하여 사람들의 몰입을 이끌어낸 또 다른 사례다. 이 캠페인은 이용자가 인생네컷 사진관에서 촬영하면, 해당 사진과 함께 장기실종아동의 모습을 인화해주는 형태로 진행되었다. 장기실종아동의 사진에는 아동의 실종 당시 모습, 신체 주요 특징, 현재 추정 모습뿐만 아니라 다른 실종아동의 정보를 확인할 수 있는 QR코드도 담겨 있었다. 광고 제작을 맡은 HSAD는 실종아동의 여러 특징을 데이터화하고 AI 기반 얼굴예측기술을 통해 아동의 현재 모습을 사실적이고 객관적으로 재구성함으로써, 사람들이 실종아동과의 정서적 연결을 강하게 느낄 수 있도록 했다.

그런가 하면 빙그레는 2024년 국가보훈부와 '처음 입는 광복'이라는 독립운동 캠페인을 진행했다. 수많은 독립운동가의 희생이 있었기에 지금의 대한민국이 존재한다는 데 모두가 동의할 것이다. 하지만 독립운동가 대다수가 광복의 기쁨을 누리지 못하고 생을 마감했다. 이에 빙그레는 AI기술을 통해 옥중에서 순국한 독립운동가 87명의 모습을 복원하고, 죄수복을 말끔한 한복 차림으로 바꾸는 프로젝트를 진행한 것이다

제작과정은 이랬다. 가장 먼저 공훈전자사료관과 일제 주요감시대상 인물카드에 남아 있는 사진들을 토대로 독립운동가들의

경찰청과 인생네컷이 함께한 '실종아동네컷' 캠
페인

국가보훈부와 빙그레가 함께한 독립운동 캠페인
'처음 입는 광복'

얼굴을 온전하게 복원해냈다. 그리고 독립운동가들과 신체 사이즈 및 생김새가 비슷한 모델들이 한복을 입고 미소를 지으며 당당하게 걸어오는 모습을 촬영한 뒤, AI 딥페이크 기술로 그 위에 독립운동가들의 얼굴을 입혀 영상으로 만들었다. 캠페인 영상은 공개되자마자 4000만 회 이상의 조회 수를 기록하며 엄청난 반향을 불러일으켰고, 대한민국 광고대상에서 2관왕을 달성했다.

AI에 기반한 스토리텔링은 스토리의 배경 맥락에 현실세계의 데이터를 반영함으로써, 있음직한 느낌을 더 강화할 수 있다. 일례로 소비자가 거주하는 지역의 날씨나 그날그날의 뉴스를 스토리의 배경에 즉각적으로 도입하는 식으로 이야기의 몰입감을 높일 수 있다.

그 대표적인 사례가 LG전자의 광고캠페인 '오늘의 ThinQ(씽큐)'다. LG전자는 구글의 디렉터 믹스(Director Mix: AI가 실시간으로 상황에 맞게 영상을 자동 세팅해주는 기술) 기술을 통해 300여 개의 날씨 영상을 만들고, 소비자들이 광고를 시청하는 순간의 날씨에 맞게 영상을 송출했다. 예를 들어 아주 추운 겨울의 아침이면 '오늘은 동장군이 당신의 집을 노크하겠습니다. 문을 꼭 닫고 추위를 집으로 들이지 마세요. 집 안 공기는 씽큐가 책임질게요. 알아서 상쾌하게'라는 광고 메시지와 함께 LG전자 인공지능 에어컨의 공기청정기능을 강조하는 영상이 화면에 뜨는 식이다. 이

LG전자 광고캠페인 '오늘의 ThinQ'

다양한 데이터를 기반으로 더 있음직한 이야기를 건네는 AI 스토리텔
링 전략은 갈수록 늘어날 것이다.

와 같이 다양한 데이터를 기반으로 더 있음직한 이야기를 건네는 AI 스토리텔링 전략은 갈수록 늘어날 것이다.

AI라는 감정 설계자

앞서 언급한 광고캠페인들은 AI가 이야기의 감동을 만드는 훌륭한 연출자가 될 수 있음을 증명해준다. 이제 광고산업에서 AI 기술은 더 이상 자동화와 생산성을 높이는 수단에 머물지 않는다. '감정 설계자(Emotional Architect)'로서도 새로운 정체성을 획득하고 있다.

신한금융그룹의 '기발한 꿈', 경찰청과 인생네컷의 '실종아동 네컷', 국가보훈부와 빙그레의 '처음 입는 광복' 캠페인들은 기술이 어떻게 사람의 마음을 건드릴 수 있는지를 보여주는 사례들이다. 그리고 이 캠페인들에서 공통적으로 발견되는 질문은 하나다. 'AI는 정말로 사람의 마음을 움직일 수 있는가?' 이 질문에 대한 답은 점점 더 명확해지고 있다. AI는 수많은 데이터를 기반으로 현실세계를 재구성하고 예측하고 시각화하여 사람들이 '그럴 법하다'라고 느낄 만한 이야기를 만들어내고 있다. 이는 단순히 기술적 사실을 나열하는 일을 넘어서, 기억을 환기하고 감정을 자극하고 공감을 유도하는 서사구조를 설계하는 능력에 가깝다.

이제 감동의 설계는 어떤 사람의 연출적 감각이 아닌, 알고리즘이 판단하고 조율할 수 있는 영역으로 확장되고 있다. 신한금융그룹의 광고에서 '현재의 내가 미래의 나를 만난다'는 설정은 단순한 상상을 넘어 AI예측모델이 만든 수치적이고 정량적인 가정 위에 서 있다. 그것이 소비자에게 설득력과 현실감을 부여하고 감정을 이입하게 만든다. 마찬가지로 AI가 실종아동의 얼굴을 복원하고 독립운동가의 웃는 모습을 재구성할 때, 우리는 단지 '기술의 위대함'에 감탄하는 것이 아니라 그 기술이 열어준 '가능한 세계'에 감동하게 된다.

여기서 주목해야 할 점은 AI가 감동을 '모방'하는 게 아니라는 사실이다. AI는 감동의 '조건'을 계산하고, 공감을 유도하는 서사의 구조를 정교하게 설계하는 존재로 진화하고 있다. 이에 따라 광고의 형태도 변모했다. 제품의 기능을 설명하고 혜택을 강조하는 일방향의 커뮤니케이션이 아니라, 소비자의 내면과 과거의 기억, 미래의 기대까지 모두 엮어내는 서사를 전달하는 방식으로 말이다.

AI는 감동을 설계할 수 있다. 그것이 가능한 이유는 기술이 인간의 감정을 대체했기 때문이 아니다. 인간이 가진 공감, 기억, 연결이라는 본질적 감정의 구조를 이해하고 수치화했기 때문이다. 기술은 인간을 닮는 것이 아니다. 인간이 감동받는 방식을 수치로 익히고 모사하며 또 다른 방식의 인간다움을 구현하는 것이다. AI가 기술을 넘어, 스토리텔러이자 정서적 연출자로 자리매김하는 순간이다.

상호소통성을 기반으로 한 '인터랙티브 스토리텔링'

AI를 통한 스토리텔링의 또 다른 강점은 상호소통성에 있다. AI가 만든 스토리텔링은 고착화되고 선형적인 구조를 뛰어넘어, 다중 분기형 서사(Multi-Branch Narrative)를 바탕으로 소비자 맞춤형 콘텐츠에 최적화되어 있다. 이처럼 소비자의 선택지나 특정 조건에 따라 여러 개의 서로 다른 이야기를 전개하는 인터랙티브 스토리텔링(Interactive Storytelling) 방식은 마케팅산업에서 점점 더 각광받고 있다.

인터랙티브 스토리텔링에 가장 적극적인 기업 중 하나는 넷플릭스다. 넷플릭스는 2018년 12월 자사의 OTT 플랫폼에 〈블랙미러: 밴더스내치〉라는 인터랙티브 영화를 공개했다. 1984년 아마추어 게임개발자인 주인공이 게임회사로부터 채용 제의를 받고《밴더스내치》라는 소설을 원작으로 한 게임을 개발하는 것이 주된 내용이다. 주목할 부분은, 시청자들이 영화 속 스토리에 직접 개입할 여지를 폭넓게 열어두었다는 데 있다.

시청자는 콘텐츠를 소비하는 중간중간 '주인공의 아침 메뉴를 시리얼로 할지 말지', '주인공이 이동 중에 어떤 음악을 들을지' 등의 다양한 선택을 할 수 있다. 정해진 시간 안에 두 가지 선택지 중 하나를 택하는 방식으로 이뤄지며, 그 선택에 따라 각기 다른 형태의 스토리가 이어진다. 시청자가 어떤 선택지를 고르냐에 따라서 엔딩은 총 다섯 가지로 나뉘는데, 엔딩이 마음에 들지 않으면 결정적인 선택 분기점으로 돌아가서 다른 선택지로 바꿀 수도 있다. 실제로 넷플릭스가 분석한 데이터에 따르면 〈블랙 미러: 밴더스내치〉를 본 시청자의 94퍼센트가 적극적으로 선택지를 고르는 행위에 참여했다고 한다.

AI기술이 발전할수록 더 다양한 방식의 인터랙티브 스토리텔링이 등장할 것이다. 이제 소비자들은 콘텐츠 속 캐릭터를 직접 선정할 수 있을 뿐 아니라, 자신의 선택에 따라 전체 서사가 맥락에 맞게 실시간으로 바뀌는 경험을 얻을 수도 있다.

기업과 소비자의 공동창작

인터랙티브 스토리텔링은 광고·마케팅산업에서도 두각을 나타내고 있다. 그중에서도 소비자와의 공동창작(Co-Creation)으로 스토리를 만들어나가는 방식이 주목받고 있다. 넷플릭스의 〈블랙 미러: 밴더스내치〉의 경우 소비자들이 원하는 이야기를 선택할 수는 있지만, 결국 그 선택의 결과로 등장하는 이야기는 AI 혹은 넷플릭스가 사전에 구축해둔 요소들로 구성될 뿐이다. 소비자들이 일방적인 콘텐츠 수용자에 그치지 않으려면, 소비자가 창작의 주체로서 이야기를 함께 끝맺도록 함으로써 높은 참여감을 부여하는 방향으로 나아가야 한다.

그런 의미에서 최근 다양한 기업들이 AI를 활용하여 소비자와의 공동창작을 극대화하는 시도들을 이어가고 있는데, 2023년 코카콜라의 '크리에이트 리얼 매직(Create Real Magic)' 캠페인이 대표적인 예다. 코카콜라는 스토리텔링에서 중요한 부분인 대중에게 인지도가 높은 캐릭터와 상징물을 여럿 갖고 있다. 콜라병을 든 북극곰과 크리스마스 시즌을 알리는 산타클로스 같은 캐릭터뿐만 아니라, 코카콜라의 독특한 유리병 디자인과 스펜서리언 서체(Spencerian Script) 로고 같은 상징물은 코카콜라 하면 모두가 자연스럽게 떠올리는 것들이다.

과거라면 주요 캐릭터나 상징들을 활용해 특정한 스토리텔링을 만들었을 코카콜라는 이번엔 조금 다른 결단을 내렸다. AI시대에는 코카콜라를 좋아하는 소비자들이 직접 원하는 형태의 스토리텔링을 만들어내는 게 더 중요하다고 판단한 것이다. 그렇게 코카콜라는 오픈AI 및 베인앤드컴퍼니와 함께 생성형AI 'GPT-4'와 'DALL-E(달리)'의 기능을 결합하여 공동창작이 가능한 AI플랫폼 '크리에이트 리얼 매직'을 개발했다. 소비자들은 이 플랫폼에서 코카콜라의 브랜드 아이콘들을 자유롭게 활용해 자신만의 이야기를 마음껏 펼쳐나갈 수 있었다. 동시에 그 이야기를 바탕으로 콘텐츠를 만들어 코카콜라가 주관하는 공모전에 제출할 수 있었다. 공모전에서 선정된 우수 작품들은 뉴욕의 타임스스퀘어와 런던의 피커딜리서커스에 설치된 대형전광판에서 상영되었다. 이후 코카콜라는 추가로 선발한 30여 명의 재능 있는 크리에이터들을 본사에서 진행하는 워크숍에 초대했다. 그리고 코카콜라의 글로벌 디자인 및 크리에이티브 팀과 함께, 코카콜라 라이선스 상품들과 다양한 형태의 디지털 컬렉터블 등의 콘텐츠를 공동제작할 기회를 주었다.

이렇듯 AI기술의 발전으로 향후 브랜드 마케팅은 기업이 스토리를 만들어 일방향으로 전달하던 데에서, 소비자들이 직접 AI기술을 활용해 자신의 이야기를 브랜드 스토리에 담아내도록 유

코카콜라, 오픈AI, 베인앤드컴퍼니의 합작 캠페인 '크리에이트 리얼 매직'

맥도날드 챗GPT 옥외광고, '세상에서 가장 상징적인 햄버거는?'

최근 다양한 기업들이 AI를 활용하여 소비자와의 공동창작을 극대화
하는 시도들을 이어가고 있다.

도하는 방향으로 변화해나갈 것이다. 관건은 소비자가 얼마나 더 개인화된 콘텐츠를 다양하게 만들어내고, 얼마나 더 적극적으로 자신을 표현하게 도울 수 있는가에 있다.

'케첩이란 이런 것이다'

AI가 불러온 스토리텔링의 혁신은 마케팅산업의 혁신으로 이어지고 있다. 오픈AI가 생성형AI인 챗GPT를 처음 소개했을 때만 해도, 대부분의 마케터들은 AI기술을 단순히 마케팅캠페인을 알리는 수준의 도구로 사용했다. 일례로 맥도날드는 챗GPT가 폭발적인 관심을 끌자 챗GPT와 나눈 짤막한 대화를 옥외광고로 낸 적이 있다. '세상에서 가장 상징적인 햄버거는 무엇이니?' 하는 질문에 챗GPT가 '맥도날드의 빅맥'이라고 대답한 화면을 보여준 광고였다.

이와 비슷한 사례가 한국에서도 있었다. 삼성생명은 '사람들은 언제 보험을 떠올릴까'라고 챗GPT에게 물었을 때 나오는 이미지들을 활용한 광고캠페인을 진행했다. 챗GPT가 사람들은 주로 부정적인 상황, 아플 때나 힘들 때 보험을 찾는다고 대답했다는 걸 보여주면서 삼성생명은 앞으로 '사람들이 긍정적인 상황을 떠올릴 수 있는 보험을 만들겠다'는 광고 메시지를 건넸다. 광고의 소재뿐 아니라 이미지, 배경음악 등의 소스도 AI로 제작한 광고였다. 그런가 하면 LG유플러스는 브랜드의 슬로건을 'AI 전환으로 고객의 성장을 이끄는 회사'로 새롭게 정했다. 그리고 슬로건의 의미를 강조하기 위해서 자체 개발한 '익시(ixi)'를 포함해 다양한 AI 프로그램만을 활용해 광고를 제작함으로써 주목을 끌었다.

여기서 생각해볼 지점은 이 광고캠페인들은 AI기술을 통해 제작되었을 뿐, AI가 왜 이런 스토리 또는 슬로건을 만들었는지를 소비자에게 설득시키지 못했다는 점이다. 삼성생명과 LG유플러스의 광고들을 동일한 스토리라인으로 사람이 만든다고 해서 스토리의 힘이 약해진다고 보긴 어렵다. 소비자들은 AI가 만들었다는 이유만으로 스토리에 집중하지 않는다. 즉 AI기술을 활용함으로써 스토리의 힘이 강력해져야만 AI 기반 스토리텔링의 가치가 높아진다고 할 수 있다.

그런 의미에서 눈여겨볼 만한 캠페인이 바로 하인즈의 광고캠페인 '케첩은 결국 하인즈여야만 해(It has to be HEINZ)'이다. 하인즈 케첩은 유럽에서 80퍼센트, 미국에서 60퍼센트 정도의 점유율을 자랑하는 세계 최고의 케첩 브랜드다. 2019년 이후 건강식에 대한 관심이 높아짐에 따라 하인즈 케첩의 점유율이 감소

2021년 하인즈 SNS 캠페인 '케첩을 그려보세요'

2022년 하인즈 캠페인 '케첩이란 이런 것이다'

세를 보이자, 2021년 하인즈는 SNS에서 일반인을 대상으로 '케첩을 그려보세요(We Asked People to Draw Ketchup)'라는 캠페인을 진행했다.

미국에서부터 노르웨이, 이탈리아, 슬로베니아, 호주에 이르기까지 전 세계 다양한 연령대의 사람들을 겨냥한 이 캠페인의 결과, 병 모양이나 디자인은 조금씩 달라도 대부분의 사람들이 '하인즈' 케첩을 그렸다. 한마디로, '케첩＝하인즈'라는 상징성을 소비자들에게 재치 있게 상기시킨 셈이다.

2022년 하인즈는 이 캠페인의 연장선상에서, 오픈AI의 이미지 생성형AI 'DALL-E'를 이용한 캠페인 '케첩이란 이런 것이다(This is What Ketchup)'를 진행했다. 오직 '케첩'이라는 단어를 중심에 두고 소비자들이 DALL-E로 케첩 그림을 그리게 한 캠페인이었다. 소비자를 대상으로 한 이전 캠페인과 마찬가지로 AI가 완성한 거의 모든 그림이 사실상 '하인즈' 브랜드 케첩의 패키지를 형상화하고 있었다.

AI가 그린 하인즈 케첩을 연상시키는 다양한 이미지들은 소셜미디어에 공유되었고, 이는 곧 더 많은 사람들이 DALL-E에서 자신만의 케첩을 그리도록 유도했다. 이 광고캠페인이 좋은 평가를 받는 이유는 단순히 생성형AI 콘텐츠를 광고 소재로 사용하는 수준을 넘어섰기 때문이다. 소비자가 AI라는 객관적이고 과학적인 도구를 거쳐 창의성을 발휘해 손수 만든 결과물을 재확인하고, 또 다른 소비자들의 자발적인 참여를 유도했다는 점이 이 캠페인의 차별점이자 성공요인이다.

AI 스토리텔링의 명암

좋은 스토리텔링은 단순히 AI기술을 사용했다고 만들어지는 게 아니다. 영화 〈나야, 문희〉는 '세계 최초 100퍼센트 AI 제작 영화'라는 슬로건을 걸고 '국민 배우'로 불리는 나문희가 각양각색의 모습으로 끊임없이 등장했음에도 관객들에게 외면받았다. 스토리 자체가 애써 영화관을 찾아가 돈을 내고 볼 만한 수준에 이르지 못했다는 게 관람자 대부분의 평가였다. 이 영화의 네이버 평점은 6점을 간신히 달성했는데, 가장 낮은 1~2점을 준 사람이 67퍼센트를 넘길 만큼 혹평을 받았다. AI 기반 스토리텔링은, AI를 통해 스토리 몰입도를 높이고 더 큰 울림을 줄 수 있을 때만 의미 있다는 것을 증명하는 사례다.

또한 우리는 AI가 항상 창의적인 스토리텔링을 만들어주지는 않는다는 사실을 명심해야 한다. 영국의 유니버시티칼리지런던과 엑서터대학교의 공동연구진들은, AI의 활용이 창의적인 스토리텔링에 어떠한 영향을 미치는지 실험을 진행하고 그 결과를 2024년 〈사이언스 어드밴스〉에 발표했다. 연구결과에 따르면, 혼자만의 힘으로 글을 쓴 작가집단보다 생성형AI의 도움을 받으며 글을 쓴 작가집단의 결과물이 훨씬 더 창의적이고 읽는 즐거움을 준다는 평가를 받았다. 특히 창의적 글쓰기에 AI가 미치는 영향력은, 창의력이 상대적으로 낮은 작가집단에서 크게 나타났다. 즉 평균 수준의 창의력을 지닌 일반 작가들은 AI의 도움을 받는 것만으로도 상상력이 확장될 수 있었다.

한 가지 문제는, AI의 도움을 받은 글의 스토리는 인간이 혼자 쓴 글보다 유사성이 아주 높았다는 점이다. 요컨대 생성형AI는 개개인의 창의력을 발달시키는 데는 도움이 되지만 자칫 대다수의 결과물을 유사하게 만들 우려, 즉 집단적 참신성(Collective Novelty)의 평균을 낮추는 딜레마를 만들 우려가 있다.

이 연구가 시사하는 바는 분명하다. 스토리텔링 작업에서 생성형AI가 보편화되면 창의적인 결과물들을 더 많이 낼 수 있다. 하지만 AI에 대한 지나친 의존은 유사한 패턴의 스토리텔링을 양산하게 만들고, 결과적으로 전반적인 창의성을 하락시킨다. 앞으로 AI는 인간을 뛰어넘을 만한 스토리텔러로 끊임없이 진화해나갈 것이다. 따라서 창작자와 마케터들은 AI와 경쟁하기보다 AI를 어떻게 훌륭한 조력자로 받아들일지 고민해야 할 때다.

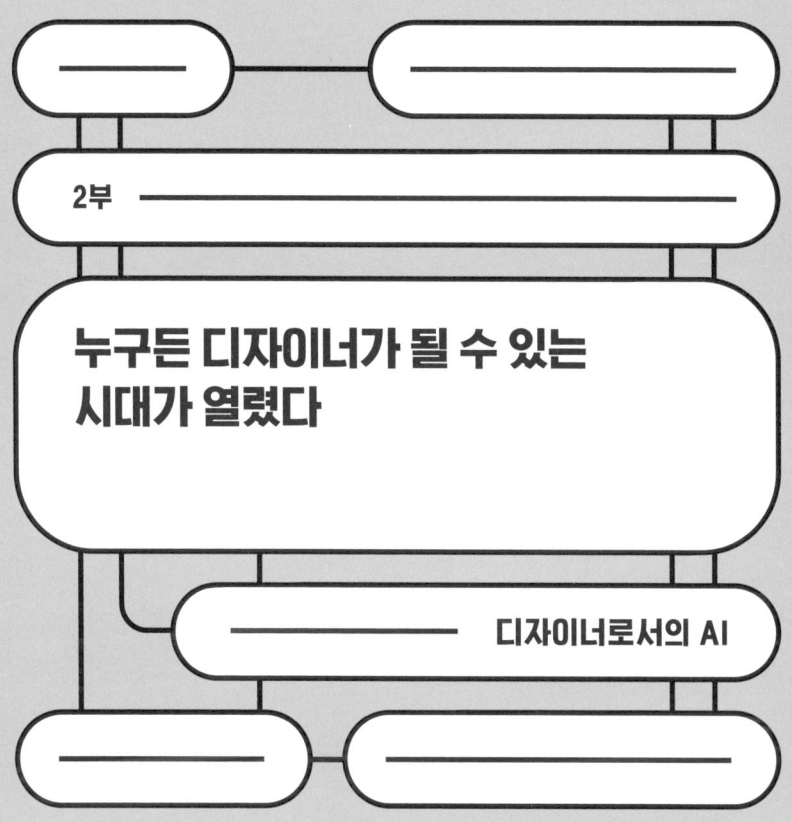

2부

누구든 디자이너가 될 수 있는
시대가 열렸다

디자이너로서의 AI

새로움과 유용성, 창의성의 두 가지 축

2023년 한 장의 사진이 세계를 놀라게 했다. '2023 소니월드 포토그래피 어워드'의 크리에이티브 오픈 카테고리 부문에서 1위를 차지한 보리스 엘다크젠의 〈전기공〉이라는 사진이었다. 젊은 여성과 노년의 여성이 하나의 프레임에 담긴 이 작품은 두 인물의 관계를 심리적 초상화의 형태로 표현해 극찬을 이끌어냈다. 그러나 엘다크젠은 이 작품이 수상작으로 뽑히자마자 돌연 수상을 거부했다. 이 사진이 AI에 의해 만들어졌다는 이유에서였다.

이후에 엘다크젠은 생성형AI에 정교하게 다듬은 프롬프트를 입력해 도출한 이미지에, 인페이팅과 아웃페인팅 기법으로 수정을 거듭하면서 이 사진을 만들었다고 고백했다. 그러고는 '사진이라는 시각적 영역이 AI 혁신을 받아들일 만큼 충분히 준비되었는가' 하는 질문을 던지기 위해서 이런 일을 의도적으로 벌였다고 설명했다.

이 사례는 AI가 사진 같은 시각적 영역에서 수준 높은 결과물을 만들어낼 수 있다는 사실을 보여준다. 이러한 AI의 시각화 능력은 마케팅산업에도 큰 변화를 불러오고 있다. 그간 디자인은 시각요소를 이용해 브랜드 정체성을 구축하고, 사용자경험을 혁신시키고, 의사소통의 효율을 높이는 등 마케팅에서 중요한 역할을 해왔다. 1부에서는 AI가 '스토리' 영역에서 어떠한 혁신을 만들어왔는지 알아봤는데, 이제부터는 AI가 시각적 영역에 어떠한 혁신을 불러오고 있는지 살펴보자.

시각적 영역에서 인간 못지않은 역량을 발휘하는 AI를 적극 활용하는 일이 우리의 창의성에 어떠한 영향을 줄까? 창의성은 크게 새로움(Novelty)과 유용성(Usefulness)으로 평가할 수 있다. 최근 발표된 연구들에 따르면, AI의 시각적 활용은 이 두 가지 측면에서 인간의 상상력을 긍정적인 방향으로 확장시킨다.

첫째, 생성형AI 같은 도구는 확산적 사고(Divergent Thinking)를 촉진시킨다.

다양한 상품에 창의적으로 시각요소들을 입히는 일을 하는 전문 디자이너를 떠올려보자. 이들에게 중요한 건, 이 세상에 존재하지 않는 새로운 이미지들을 발견하고 구상하는 능력이다. 과거에는 책상 앞에 앉아서 생각에 잠기거나, 책이나 예술작품들을 감상하고, 인터넷에서 이미지들을 찾아보면서 상상력을 키워나

갔을 것이다.

하지만 이제는 미드저니(MidJourney) 같은 AI 이미지 프로그램에 간단한 프롬프트만 입력하면, 상상력을 자극하는 각종 이미지들을 얻을 수 있다. 예를 들어 미드저니에 '사자 갈기'와 '해바라기'가 혼합된 이미지를 보여달라고 하면, 상상 속 동물의 모습을 다양하게 얻을 수 있다. 이렇게 얻은 이미지들을 스테이블디퓨전(Stable Diffusion) 같은 또 다른 AI 프로그램에 넣으면, 해당 이미지를 '가방', '휴대폰 케이스', '의자' 등에 적용한 상품 디자인 이미지를 도출할 수 있다. 이처럼 생성형AI는 우리의 머릿속 아이디어들을 빠르고 간편하게 구현해냄으로써 확산적 사고를 용이하게 한다는 장점이 존재한다.

둘째, AI의 활용을 통해 전문성 편향(Expertise Bias)를 줄일 수 있다.
전문성 편향은 인간이 이미 보유한 지식이나 경험에 과도하게 의존해 객관적인 판단을 할 수 없게 된 상태를 의미한다. 이러한 편향은 인지적 고착(Cognitive Fixation), 즉 기존 지식을 벗어나지 못하도록 유도해 창의력을 제한한다. 비슷한 환경에서 비슷한 프로젝트들을 반복적으로 수행해온 창작자들은, 의식적이든 무의식적이든 고정된 틀에 갇혀 생각하는 경우가 빈번하다. 이럴 때 다양한 초기 아이디어를 도출하기 위한 도구로 생성형AI

를 사용하는 것만으로도 전문성 편향의 부정적 영향을 크게 줄일 수 있다.

셋째, AI의 활용은 가치 있는 아이디어를 선별하는 데 도움을 준다.
창의적인 아이디어들을 많이 확보한다 해도 그중 가능성 있는 것을 뽑아 구체화시키지 못하면 의미가 없다. 이때 챗GPT 같은 생성형AI에 검증하고 싶은 디자인 아이디어들을 집어넣고, 각각의 장단점을 비교 분석해달라고 해보자. 수많은 데이터에 기반한 AI의 객관적인 분석과 평가를 거치면, 초기의 아이디어를 훨씬 더 가치 있는 방향으로 수정·보완해나갈 수 있다.

AI에 의한 '차세대 에어조던'의 탄생

'에어조던'은 나이키에 매년 엄청난 수익을 가져다주는 스테디셀러다. 나이키라는 거대 스포츠기업과 20세기 후반 최고의 스포츠 스타인 마이클 조던이 합작해 만든 브랜드 에어조던은 스포츠 패션 역사에서 매우 중요한 의미를 지니고 있다. 단순한 농구화를 뛰어넘어, 세대를 초월한 패션 아이콘으로 자리잡은 이 제품은 창의적 협업의 성공 사례로 지금까지 언급되고 있다. 그런데 가까운 미래에는 이런 제품을 인간이 아닌 AI가 디자인할지도 모른다.

에어조던을 처음 만들 때, 마이클 조던이 디자인과정에 직접 참여하며 치열하게 노력했다는 것은 잘 알려진 사실이다. 조던의 경기 스타일과 그의 개성이 적극적으로 반영된 덕분에, 에어조던은 출시되자마자 문화적 아이콘으로 자리잡으며 상업적으로 큰 성공을 거두었다. 마이클 조던은 은퇴 이후에도 에어조던을 통해 매년 수천억 원에 달하는 지분 수익을 얻고 있다고 한다.

나이키는 에어조던의 성공을 경험하면서 선수 개인의 색깔을 담아낸 디자인이 얼마나 강력한 힘을 발휘하는지 깨달았을 것이다. 하지만 이제는 선수를 직접 참여시킬 필요가 없어졌다. 2024년 나이키는 AI를 활용하여 최고 운동선수들의 개성을 바탕으로 운동화를 제작하는 프로젝트 'A.I.R(Athlete Imagined Revolution)'에 착수한다. 프로젝트의 핵심은 각 분야의 스포츠 스타들 13명의 데이터를 바탕으로, AI가 각 선수들의 개성을 반영하는 수백 개의 창의적 이미지를 생산하게 한 데 있다. AI는 선수들의 신체 데이터, 운동방식 등을 분석해 개개인의 고유한 특성을 반영한 디자인을 만들어냈다.

나이키는 이 프로젝트가 앞으로 나이키가 공들여야 할 AI와 인간 디자이너 간의 협력을 테스트하는 중요한 기회라고 생각했다. 나이키의 디자이너들은 운동선수들과 긴밀한 대화를 이어가며 선수들이 운동화에 반영했으면 하는 점, 그리고 선수생활을 하면서 얻은 특별한 영감 등을 수집해서 디자인 방향을 설정했다. AI는 그 데이터를 바탕으로 수백 가지의 이미지들을 빠르게 만들어냈고, 디자이너는 중간중간 AI가 생성한 아이디어 중 좋은 것들을 선별해 세밀하게 조정해나갔다. 그렇게 최종 결정된 시안들은 3D프린터를 통해 실제 프로토타입 운동화로 제작되었다.

이후 나이키는 프랑스 파리의 브롱냐르궁에서 '나이키 온에어'라는 이벤트를 개최하여 A.I.R 프로젝트로 만든 13켤레의 운동화를 공개했다. 그중에는 NBA 농구 스타 빅터 웹반야마의 운동화도 있었는데, 평소 '외계인'이라고 불릴 만큼 독특한 취향을 지닌 선수답게 SF소설에나 나올 법한 과학적이고 디지털적인 미학이 돋보이는 운동화였다. 미드솔 부분에는 비스무트 원석에서 영감을 받은 빛나는 표면의 디자인 요소가 반영되었고, 전체적으로는 컴퓨터 그래픽에서 자주 발견할 수 있는 프랙털 패턴이 강하게 드러나 있었다.

나이키의 이러한 시도는, AI를 적극 활용하면 개성이 강하고 독창적인 디자인의 제품들이 빠르게 만들어질 수 있음을 보여준다. 리오넬 메시의 페르소나가 담긴 축구화, 오타니 쇼헤이의 투

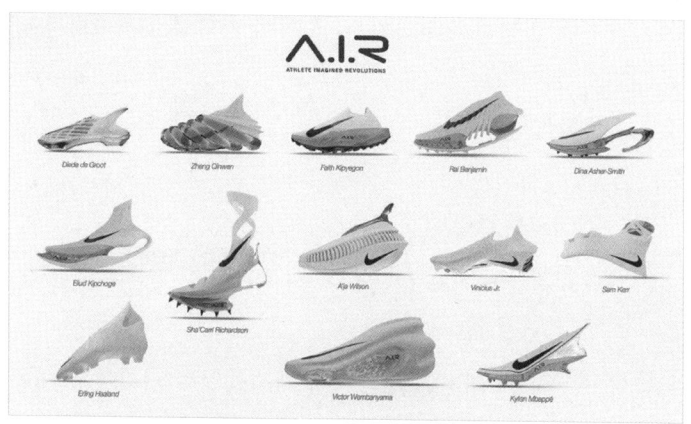

나이키의 'A. I. R' 프로젝트 관련 이미지

이제 마케터와 디자이너가 해야 할 일은, AI와 효과적인 방식으로 협력하여 우리가 미처 생각하지 못했던 새로운 시각적 아이디어를 발굴해내는 것이다.

타 균형감을 반영한 야구화가 AI를 통해 기획되고 제작되는 날
도 머지않았다.

스위스 시계업계의 말썽꾸러기, 위블로

위블로(Hublot)는 디자인 영역에서 파격적인 아이디어를 내놓
는 것으로 잘 알려진 시계 브랜드이다. 그 파격성으로 인해 업계
의 '앙팡 테리블(enfant terrible, 말썽꾸러기)'로 불리기도 한다. 50
년에 가까운 긴 역사를 가진 럭셔리 브랜드지만 늘 안주하지 않
고 새로운 시도를 거듭하는데, 대표작인 빅뱅(Big Bang) 시리즈
는 세라믹·서멧·케블라·텅스텐·마그네슘·고무 등 온갖 기묘하
고 독특한 소재를 사용해 부유층과 스포츠 스타들의 사랑을 받
아왔다.

이제 위블로는 디지털과 AI의 혁신성을 그들의 대담한 디자인
을 발전시키는 데 적극적으로 도입하고 있다. 대표적으로 2024
년 5월에 소개된 '유니코 익스피리언스(Unico Experience)' 프로
그램을 들 수 있다. 이 프로그램은 디지털을 기반으로 한 혁신경
험 전달을 시도한다. 소비자가 데스크톱이나 모바일기기를 통해
프로그램에 접속하면, 몰입형 디지털환경에서 '유니코 크로노그

래프 무브먼트'가 탑재된 타임피스의 제작예술을 감상할 수 있다. 여정 전반에 걸쳐 가상의 워치메이커가 등장해 전문지식과 노하우를 설명해주는 것이 특징이다. 일부 특별한 방문객의 경우, 실제 워치메이커가 디지털 트윈의 목소리를 직접 맡아 스위스 농에 위치한 매뉴팩처에서 실시간으로 더 깊이 있는 설명과 경험을 선사해준다.

전체 경험이 끝나면 참가자들이 유니코 크로노그래프 무브먼트로 구동되는 맞춤형 타임피스를 직접 디자인할 수 있는 기회도 제공된다. 케이스는 다양한 소재와 크기를 선택할 수 있고, 고객은 베젤과 다이얼 색상, 스트랩 옵션을 조합한 후 마지막 디테일로 자신이 원하는 이름, 이니셜, 날짜를 각인한다. 유니코 익스피리언스는 디지털 가상세계에서 개인화된 경험이 고객에게 생생하게 전달될 수 있도록 한 프로그램인 것이다. 사실 자동차 한 대 값에 맞먹는 시계를 구매하는 상황에서도, 손목에 차는 작은 시계 내부에 적용된 기술적·예술적 디테일을 확인하기는 쉽지 않다. 위블로는 이 점을 극복하기 위해 그들이 가진 장인정신과 스위스 워치메이킹의 예술을 디지털화해, 고객에게 시계의 디테일을 몰입감 있게 느낄 수 있는 경험을 선물한 것이다.

위블로의 핵심 정체성이 혁신적인 디자인 요소에 있기에 최근에는 AI를 디자인에 적극적으로 활용하려는 시도도 하고 있다.

CEO 리카르도 과달루페는 2024년 〈에스콰이어 싱가포르〉와 진행한 인터뷰에서 "브랜드가 더욱 과감한 디자인적 아이디어를 얻기 위해서 적극적으로 AI를 활용하고 있다"고 밝혔다. AI가 내놓은 아이디어는 아직은 실제로 제작하기에는 어려운 수준이지만, 디자이너들에게 창의적 영감을 주기에는 충분한 수준이라고 한다.

디자인 아카이브를 학습시키다

패션디자이너 알렉산더 맥퀸, 그는 자신의 이름을 딴 명품브랜드 '알렉산더 맥퀸'의 설립자이기도 하다. 문제는 이 디자이너가 40세의 젊은 나이에 요절했다는 것이다. 그의 브랜드는 맥퀸의 갑작스런 사망 직후 큰 위기를 겪었다.

이제 AI기술을 이용하면 특정 디자이너가 은퇴하거나 사망하더라도 해당 디자이너의 정체성을 담은 디자인을 안정적으로 이어갈 수 있다. 디자이너의 스타일을 AI시스템에 학습시키면 헤리티지적 디자인 아이디어가 지속될 수 있는 것이다.

미국 디자이너 노마 카말리는 오랫동안 패션계의 혁신가로 명성을 날렸는데, 최근엔 AI를 창작도구로 적극 활용하며 "뇌를 다운로드(download my brain)"하는 방식으로 자신의 디자인 유산을 지속시키려 하고 있다. 그녀는 2023년 MIT의 '디지털 전환을 위한 응용 생성형AI(Applied Generative AI for Digital Transforma-tion)' 과정을 수료하며 AI와 생성형 모델에 대한 이해를 높였다. 이후 뉴욕의 창작 AI에이전시 '메종 메타(Maison Meta)'와 협업해, 자신의 57년간의 디자인 아카이브를 참고하여 AI모델을 구축했다. 이 모델은 노마 카말리 스타일의 패턴과 형태를 학습해 새로운 변형을 생성할 수 있도록 설계되었다. 예를 들어 카말리는 시그니처 스타일(검은색 바탕에 은색 스터드 장식을 사용한 옷)들을 AI에 입력한 후 다양한 변형을 요청할 수 있다. 이 과정에서 AI는 기존의 형태에서 벗어난 독창적인 변주를 제안한다.

AI를 통해 자신의 디자인 아카이브를 학습시키는 시도는 디자이너가 직접 활동을 멈추더라도 브랜드 고유의 미학과 감성을 지속시키는 하나의 전략이 될 수 있다. AI가 제안한 과장된 디자인이 때론 정체성 훼손으로 보일 수 있지만, 그 불완전함을 새로운 창작의 출발점으로 여기고 적극적으로 활용해나갈 수도 있다. 즉 AI의 '실수'나 '기이함'을 수용함으로써 인간 디자이너가 미처 생각하지 못한 영역으로 나아갈 수 있다는 판단이다. 카말리 역시 기술 도입 초기에는 AI를 파트너로 두는 것과 AI의 창작물에 관해서 부정적이었다고 밝혔다. 하지만 시간이 지나면서

AI에 대한 두려움을 줄이고 직접 실험에 나섰다고 한다. 이는 창작 분야에서 기술 수용의 중요한 태도라 할 수 있다.

이처럼 디자인 영역에서의 AI 활용은, 방대한 데이터를 기반으로 다양한 스타일의 디자인 콘셉트들을 빠르게 만들어내는 혁신을 불러왔다. 이제 마케터와 디자이너가 해야 할 일은, AI와 효과적인 방식으로 협력하여 우리가 미처 생각하지 못했던 새로운 시각적 아이디어를 발굴해내는 것이다.

AI와 디자인의 민주화

누구나 디자이너가 될 수 있는 시대가 열렸다. AI 디자인툴의 발달로, 과거와 달리 복잡한 기술이나 오랜 경험 없이도 고급스러운 그래픽을 만드는 것이 가능해졌다. 이른바 '디자인의 민주화'를 이끈 선두주자는 캔바(Canva)다. 캔바는 자동 템플릿 생성, 글꼴과 색상 추천, 이미지 자르기 및 편집 등의 기능을 제공함으로써, 디자인 경험이 없거나 적은 사람들도 전문가 못지않은 수준의 디자인을 빠르게 만들도록 도와준다. 예컨대 카페 창업을 앞두고 광고용 배너를 만들고 싶다면, 캔바의 AI 추천 템플릿과 몇 번의 클릭만으로 글자나 이미지를 교체하면서 자신만의 디자인

'루카'의 홈페이지

누구나 디자이너가 될 수 있는 시대가 열렸다. AI 디자인툴의 발달로, 복잡한 기술이나 오랜 경험 없이도 고급스러운 그래픽을 만드는 것이 가능해졌다.

을 완성할 수 있다. 루카(Looka) 역시 AI툴을 기반으로 로고, 포스터, 웹사이트 등을 만들어주는 플랫폼이다. 사용자가 제품 서비스에 관한 기본 정보와 스타일을 입력하면, AI는 그에 맞는 로고 디자인을 다양하게 제시해준다. 사용자는 마음에 드는 스타일을 선택하고 세부사항을 조정하면서 자신이 원하는 로고를 손수 완성할 수 있다.

AI툴은 제품의 홍보나 브랜딩을 위한 이미지 제작뿐만 아니라 간단한 제품 디자인에도 도전하게 해준다. 이런 양상은 패션 디자인 분야에서 특히 두드러지는데, 빔스튜디오(VIIM studio)나 패시웰(Fashwell)은 사용자의 선호에 따라 의상을 디자인해주는 AI툴이다. 사용자가 원하는 색상과 스타일을 선택하면 AI가 그에 맞는 디자인을 제시하는 식이다. 그야말로 누구나 개인 맞춤형 패션 아이템을 디자인할 수 있는 길이 열린 것이다.

이제 특별한 기술도, 긴 시간이 드는 경험도 필요 없다

이러한 흐름은 가시적인 디자인에 국한되지 않는다. AI툴로 특정 이미지에 어울리는 음원의 작곡도 가능해졌다. 사운드풀

(Soundful), 앰퍼뮤직(Amper Music) 같은 AI툴은 사용자가 설정한 장르, 분위기, 길이에 맞게 음원을 만들어준다. 이렇게 제작된 음원은 브랜드나 로고, 슬로건을 연상시키는 도구로 쓸 수 있다. '바 다 바 바 바(ba da ba ba bah)' 하는 리듬이 맥도날드의 상징으로 굳고, '두둥' 하는 소리만 들어도 넷플릭스의 로고가 떠오르는 것처럼 말이다.

AI는 디지털아트에서도 큰 변화를 일으키고 있다. 오픈AI에서 출시한 'DALL-E 2(달리 2)'는 텍스트 프롬프트만으로 이미지를 생성해주는 프로그램이다. 예컨대 '파란 하늘 아래에서 아버지와 아들이 다정하게 오솔길을 걷고 있다'라는 문장을 입력하면, 그 문장을 바탕으로 고유한 이미지를 제작해준다. 이렇듯 AI는 디자인 전문가가 아닌 평범한 사람들도 손쉽게 자신만의 창작활동을 펼칠 수 있도록 돕는다.

영상 분야도 예외는 아니다. 고도의 영상 편집기술과 고가의 장비 없이도 짧은 영상, 광고, 소셜미디어 콘텐츠를 제작할 수 있다. 괜찮은 스마트폰과 AI툴만 있다면 광고 창작자로 활동할 기회가 무궁무진해진 셈이다. 그 중심에는 키워드나 텍스트에 맞게 영상을 만들어주는 인비디오(InVideo), 루멘5(Lumen5), 애니모토(Animoto), 픽토리(Pictory) 같은 AI툴이 자리하고 있다. 이런 툴들은 뉴스 기사, 블로그 포스트, 소셜미디어 콘텐츠를 영상으로 변환하는 데 최적화되어 있다. '올가을에 유행할 이탤리언 스타일 남성 패션 트렌드'라고 입력하면, AI가 관련된 이미지를 적절한 영상 템플릿에 적용하고 음악, 텍스트를 추가하여 짧은 광고영상이나 소셜미디어용 영상을 즉시 만들어낸다.

필요에 따라 영상의 포맷을 변경해 사용할 수도 있다. 프로모 닷컴(Promo.com)이나 매지스토(Magisto)는 광고 콘텐츠에 특화된 AI툴로, 템플릿 선택과 텍스트 입력만으로 상업용 광고나 제품 소개영상을 제작해준다. 영상클립 추천, 배경음악 선별, 시각적 효과, 텍스트 배치 등 거의 모든 작업을 AI가 자동으로 해내기 때문에 전문기술이 없어도 평균 이상의 광고영상을 금세 완성할 수 있다.

콘텐츠 소비 지형에 불어온 새로운 바람

AI가 불러온 디자인의 민주화는 콘텐츠 소비 지형에도 새로운 바람을 일으키고 있다. 이제 소비자는 누군가가 만든 마케팅 콘텐츠를 수동적으로 받아들이는 객체에서, 마케팅 콘텐츠 제작에 적극적으로 참여하는 주체로 거듭나고 있다.

특히 틱톡이나 인스타그램 릴스처럼 숏폼영상 콘텐츠가 인기를 끌면서, 인비디오나 카프윙(Kapwing) 등의 AI 영상 제작툴이 소비자의 참여를 유도하는 데 중요한 역할을 하고 있다. 실제로 틱톡은 심포니 크리에이티브 스튜디오(Symphony Creative Studio)라는 AI툴을 출시하여 사용자들이 몇 분 만에 오리지널 틱톡용 영상과 이미지 콘텐츠를 만들게 했다. 사용자들은 자신을 대변하는 아바타를 영상에 등장시켜, 특정 제품이나 서비스를 생동감 있게 어필하기도 한다. 영상 더빙도 가능한데, 한국어로 된 영상을 세계 각국 언어로 더빙하여 다양한 국적의 사람들에게 전파할 수 있는 것이다. AI어시스트에게 '화장품업계에서 실적이 가장 좋은 틱톡 광고를 보여줘' 또는 '미국 10대 화장품 소비자들을 겨냥하기 위한 광고 대본을 작성해줘' 같은 식으로 요구하면서 실질적인 도움을 받을 수도 있다.

여기서 마케터가 주목해야 할 부분은, 홍보캠페인을 진행하는 과정에서 소비자가 AI툴을 적극 활용해 자사의 제품이나 서비스를 바이럴하도록 유도하는 것이다. 이러한 참여형 캠페인의 대표적 사례로는 프랑스의 자동차회사 르노의 '트윙고' 출시 30주년 기념 팬아트 캠페인을 꼽을 수 있다. 자동차업계 최초로 AI툴을 캠페인에 활용한 사례로, 소셜미디어 사용자들이 'DALL-E' 같은 AI이미지 생성기로 트윙고 모델을 팬아트로 제작한 후 '#ReinventTwingo'라는 해시태그와 함께 공유하도록

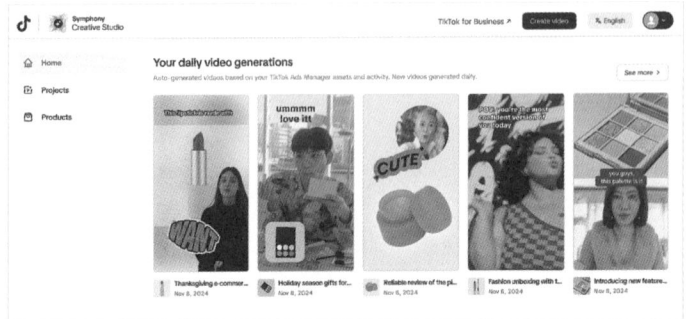

틱톡의 AI 영상 제작툴 '심포니 크리에이티브 스튜디오'

르노의 '트윙고' 출시 30주년 기념 팬아트 캠페인

유도했다.

2024년 7월 현대자동차가 '캐스퍼 일렉트릭' 출시를 맞아 개최한 '캐스퍼 일렉트릭 AI 그리기 대회'도 유사한 사례다. 참가자들이 '스테이블 디퓨전' 같은 AI툴과 각종 오픈소스 프로그램을 통해 캐스퍼 일렉트릭을 그려서 제출하고, 그중 우수 작품 10건을 현대자동차 공식 인스타그램에 소개한 캠페인이다. AI툴만 통하면 누구나 자동차를 디자인하고 채색하는 게 가능했기에 자그마치 2만 4000개가 넘는 작품이 출품되었다.

그런가 하면 OB맥주는 대표 브랜드 '카스'를 활용한 '축카스'라는 캠페인을 진행하여 좋은 반응을 얻었다. 이 캠페인은 생일, 졸업, 승진 등 진심 어린 축하를 서로에게 건네는 순간을 카스와 함께 나누자는 취지로 전개되었다. 축하하고 싶은 사람의 이름과 그 이유를 기입하고 영상 템플릿을 선택하면 AI가 축하영상을 자동으로 생성하고, 가수 비비가 영상에 등장해 축하 대상의 이름과 메시지를 읽어주었다.

결국 생성형AI의 가장 중요한 기능은 소비자들에게 초개인화된 광고캠페인을 제작하게 하는 데 있다. 이때 초개인화는 개개인이 직접 콘텐츠를 만들며 적극적으로 자신을 표현함으로써 완성된다. OB맥주의 사례처럼 AI기술에 기반한 마케팅캠페인이 앞으로 늘어날 수밖에 없는 이유다.

'브랜드가 내 목소리를 듣고 있다'는 메시지

영국의 식료품 체인 리들(Lidl)은 독일계 할인형 슈퍼마켓으로, 합리적인 가격의 식자재와 생활용품을 판매하는 것으로 잘 알려져 있다. 리들은 유통 단계를 최소화하여, 비용을 절감하고 그 혜택을 소비자가격에 반영한다. 또 여기에 머물지 않고, 디지털채널들을 적극적으로 활용하며 비즈니스에 활력을 불러일으키는 과감한 마케팅 시도를 해오고 있다. 대표적으로 연말 홀리데이 시즌을 맞아 트위터를 활용한 판촉캠페인 '소셜 가격 인하(Social Price Drop)'를 선보였다. 이 캠페인은 소비자가 특정 제품명을 해시태그와 함께 트윗할수록, 해당 제품의 실제 매장 가격이 인하되는 방식으로 운영되었다. '더 많이 트윗할수록 더 싸진다'는 단순하고 직관적인 메커니즘은 소비자 참여를 강력하게 이끌었고, 온라인의 열기를 오프라인 매장 구매로 연결시키는 효과까지 거두었다. 특히 크리스마스 푸딩, 프리미엄 햄, 랍스터와 같은 시즌성·프리미엄 상품을 캠페인 대상으로 삼으면서, 리들은 단순한 저가 할인점이 아니라 품질과 차별성을 갖춘 브랜드라는 이미지도 강화할 수 있었다.

성과는 인상적이었다. 단 몇 주 만에 약 1050만 회 이상의 노출과 6만 2500건 이상의 소비자 참여가 이루어졌으며, 하루에만 랍스터 4만 개가 판매되는 기록을 세웠다. 또한 프리미엄 크리스마스 푸딩 등 특정 제품의 매출은 전년 대비 1580퍼센트 이상 급증했고, 캠페인 기간 전체적으로는 매출이 약 10퍼센트 증가했다. 언론에도 30여 차례 이상 보도되며 PR 효과까지 확대되었고, 소셜미디어 대화량에서도 경쟁사를 압도했다.

이 캠페인의 의의는 단순한 가격 인하 이벤트를 넘어, 소비자가 직접 가격 결정에 참여함으로써 브랜드경험에 주체적으로 개입했다는 점에 있다. 이는 소비자에게 '브랜드가 내 목소리를 듣고 있다'는 메시지를 전달하며 충성도를 강화하는 계기가 되었다. 결국 '소셜 가격 인하'는 단기간의 강력한 임팩트와 매출 증대, 브랜드 이미지 제고라는 세 마리 토끼를 동시에 잡은 성공적인 캠페인이었다. 브랜드와 소비자가 함께 만들어가는 참여형 마케팅이 앞으로 어떤 방향으로 진화해야 할지를 잘 보여주는 상징적 사례라 할 수 있다.

이후 리들은 참여 중심 전략을 한층 더 확장해왔다. 2024년에는 AI 기반의 '리들라이즈(Lidlize)' 플랫폼을 선보이며, 소비자가 디자인 창작과정에 직접 뛰어들 수 있는 길을 열었다. 브리아 AI(Bria AI)와의 협업으로 개발된 이 플랫폼은 사용자가 몇 단어만 입력하면 어떤 사물이든 리들의 상징적 색상(파랑·빨강·노랑)을 입은 제품으로 변신시켜주었다. 플랫폼에 접속해서 '나는 리들의 ____를 원한다(I WANT TO A LIDL ____)'라는 문장의 ____에 제품명을 넣으면 바로 해당 이미지가 나오는 방식이었다. 단 몇 주 만에 100만 명이 넘는 참여자가 200만 개 이상의 아이디어를 창출했고, 가장 많은 '좋아요'를 받은 제품은 실제로 제작·판매되었다. 소비자가 디자인 측면에서 공동창작자이자 의사결정자로 참여하는 새로운 브랜드경험을 구현한 것이다.

궁극적으로 리들라이즈는 브랜드가 AI의 힘을 활용해 수동적 소비자를 능동적 창작자로 전환할 수 있음을 보여준 사례다. 간단하고 놀이적인 도구를 통해 사람들이 리들과 그 상징적 색상에 대한 애정을 표현할 수 있도록 함으로써, 혁신적이면서도 진정성 있는 공동창작 경험을 만들어냈다. 이로써 리들은 단순히 성공적인 제품을 출시한 데 그치지 않고, 커뮤니티와의 유대를 한층 더 깊게 형성했다. 이는 브랜드 참여의 미래가 협업, 창의성, 그리고 공유된 소유감에 있다는 사실을 입증한 것이다.

리들의 디지털캠페인 연대기를 살펴보면, 2016년의 '소셜 가격 인하'가 '가격 결정 참여'라는 형태로 소비자의 목소리를 반영한 첫걸음이었다면, 2024년의 '리들라이즈'는 AI를 매개로 디자인적 측면에서 소비자 창의성을 브랜드 혁신의 원동력으로 끌어올린 형태라 할 수 있다. 즉 리들은 소셜미디어에서 시작된 참여형 마케팅을 AI시대의 공동창작전략으로 확장하며, 디지털시대

'리들'의 '리들라이즈' 캠페인

'리들'이 '리들라이즈'를 통해 전개한 'I WANT TO A LIDL _____' 캠페인은, 소비자가 디자인 측면에서 공동창작자이자 의사결정자로 참여하는 새로운 브랜드경험을 구현한 것이다.

브랜드가 소비자와 어떻게 새로운 관계를 맺어야 하는지를 보여
주는 선구적 사례를 만들어냈다.

AI 디자인의 확장성

디자인 분야의 AI 활용은 누구라도 디자이너적인 경험을 할 수
있는 민주화 이외에도 디자인의 확장성을 가져오는 역할도 하
고 있다. 펫푸드 브랜드 페디그리(Pedigree)가 선보인 '어답터블
(Adoptable)' 캠페인은 AI가 디자인의 경계를 확장할 수 있음을
보여주었다는 점에서 특별한 의미를 가진다. 이 캠페인의 핵심
은 보호소에서 촬영한 사진들을 AI를 통해 고품질 스튜디오 이
미지로 변환한 후, 이를 전 세계 어디서든 페디그리의 광고에 즉
각적으로 통합할 수 있게 만든 것이다. 이 캠페인의 의의를 좀 더
구체적으로 살펴보자.

 우선 AI를 통해 빠르게, 수준 높은 품질의 디자인 자원을 만들
었다는 측면에서 의미가 있다. 과거에는 광고 크리에이티브에
보호소 개들을 활용하려면 사진 촬영, 보정, 편집, 아트디렉션 등
복잡한 과정을 거쳐야 했다. 그러나 어답터블은 AI가 저해상도·
비전문가 촬영 이미지를 브랜드 일관성에 맞는 광고용 시각물로

자동 변환해준다. 즉 AI가 기존에는 활용할 수 없었던 보호소에서 찍힌 개들의 이미지를 광고 디자인의 훌륭한 원천 자원으로 탈바꿈시키는 것이다. 이 지점에서 AI는 단순히 '효율적 툴'이 아니라 '디자인 가능성을 확장하는 창작 인프라'로 기능한다.

다음으로 실시간성·유연성의 혁신을 가져왔다는 점에서도, 디자인의 확장성을 만들었다고 할 수 있다. 또 보호견의 입양 여부에 따라 다양한 채널들의 광고 이미지들과 영상 이미지들이 자동으로 업데이트된다는 점도 주목할 만하다. AI는 단순히 사진을 가공하는 데 그치지 않고, 실시간으로 채널별·상황별 흐름에 맞게 이미지 포맷을 조정한다. 입양이 완료되면 해당 개의 사진은 즉시 광고에서 빠지고, 새로운 개의 이미지가 반영된다. 디자인이 '고정된 결과물'이 아니라 '유동적이고 살아 있는 과정'으로 재정의된 점이 혁신적이다.

마지막으로 마케팅 커뮤니케이션의 차원에서도 디자인의 역할에 확장성을 가져왔다. 전통적 관점에서 광고 디자인은 제품 판매에 초점을 맞추지만, 어댑터블은 브랜드와 사회적 미션을 시각적으로 결합시켰다. AI가 만들어낸 이미지는 단순히 페디그리의 제품을 홍보하는 데 쓰이지 않고, 보호소 개들의 스토리를 담아내는 디자인 언어가 되었다. 즉 이 캠페인은 AI가 '상업적 디자인'과 '공익적 디자인'을 융합할 수 있는 가능성을 보여준

팻푸드 브랜드 '페디그리'의 어답터블 캠페인

어답터블 캠페인이 시작된 후 단 2주 만에 광고에 등장한 보호소 개들의 절반이 입양되었다. 이 놀라운 성과는 AI가 생성한 시각 디자인이 단순히 '보기 좋음'을 넘어서 소비자의 행동을 변화시키는 힘을 지녔음을 입증한다.

셈이다.

무엇보다 이 캠페인에서 AI기술의 적극적인 활용은, 사실상 전 세계 어느 보호소의 개라도 글로벌 광고 무대에 등장할 수 있도록 길을 열었다. 이는 기존의 전문 촬영, 모델 계약, 아트디렉션 같은 고비용 장벽을 무너뜨린 것이다. 결과적으로 보호소 개들의 평범한 이미지들이 광고 디자인 영역이라는 프리미엄 공간에 대거 진입할 수 있게 되었고, 이는 디자인 자원의 접근성을 확장시킨 좋은 사례라고 할 수 있다.

어답터블 캠페인이 시작된 후 단 2주 만에 광고에 등장한 보호소 개들의 절반이 입양되었다. 이 놀라운 성과는 AI가 생성한 시각 디자인이 단순히 '보기 좋음'을 넘어서 소비자의 행동을 변화시키는 힘을 지녔음을 입증한다. 이는 AI 기반 디자인이 경계를 확장시켜, 커다란 상업적 효과와 사회적 가치를 동시에 구현하는 창의적 도구가 될 수 있음을 보여준다.

도브, AI의 약점을 역이용하다

AI가 시각적 창작에 뛰어들면서 생기는 부작용도 있는데, 그중 하나가 편향된 이미지 생성과 관련된 문제다. 도브는 2004년

'리얼 뷰티(Real Beauty)' 캠페인을 시초로, 자신의 외모를 긍정적으로 받아들이는 태도를 브랜드의 핵심가치 중 하나로 삼아왔다. 이 캠페인은 체형, 나이, 피부색, 인종 등 다양한 신체 특성을 지닌 여성들을 모델로 기용해, 키가 크고 마른 체형의 금발 여성이라는 서양 모델의 표준을 넘어서고자 했다. 왜곡되고 단일한 미적 기준에 도전장을 던짐으로써, 모든 여성이 고유한 아름다움을 가지고 있고 자신을 있는 그대로 받아들이는 것이 아름다움의 본질이라는 메시지를 전달했다. 도브의 리얼 뷰티 캠페인은 전통적으로 통용되던 보정된 이미지나 강압적인 미의 기준을 거부하고 자연스러운 아름다움을 강조하는 데 집중한 것이다.

2024년 도브는 '더 코드(The Code)' 캠페인을 통해 AI가 아름다움에 대해 왜곡되고 편향된 이미지를 내놓는 실태를 지적하면서, 진정성 있는 아름다움의 가치를 다시 한번 일깨웠다. 핵심은 AI가 얼마나 편협한 기준으로 아름다움을 정의하는지, 그것이 어떻게 현실의 여성들에게 외모 강박과 자존감 저하로 이어지는지 밝힌 데 있다. 이 캠페인에서는 '가장 아름다운 여성을 묘사해 봐'라는 요청에 AI가 날씬한 금발의 백인 여성 이미지를 생성하는 장면이 등장한다. 뒤이어 광고는 이렇게 만들어진 이미지는 우리에게 잘못된 인식을 심어주는 결과를 가져올 수 있음을 강조한다.

도브의 '리얼 뷰티' 캠페인

도브의 광고캠페인 '더 코드'

실제로 AI는 미에 대한 사회적 고정관념을 강화하는 방식으로 이미지를 생성하고 있으며, 이는 AI가 편향된 데이터를 학습한 다는 사실을 잘 보여준다. 서구 중심의 기준, 즉 날씬한 금발 백 인 여성을 표방하는 기존의 데이터를 학습한 나머지, 상대적으 로 미의 다양성을 간과하는 것이다. 도브는 그 과정을 가감 없이 보여줌으로써 AI 생성 이미지가 여성들에게 미치는 부정적인 영향을 경고한 셈이다.

더 코드 캠페인을 통해 도브는 여성을 왜곡해 묘사하는 AI를 광고에 절대 사용하지 않겠다고 선언했다. 도브의 브랜드 핵심 가치인 자연스러운 아름다움과 다양성 존중을 견지하고, 더 이 상 AI가 여성들에게 부정적인 영향을 미치지 않도록 하겠다는 의지를 나타낸 것으로 볼 수 있다. 이렇듯 마케팅 과정에서 AI툴 로 이미지나 영상을 생성할 때 AI의 편향을 걸러내는 일이 생각 보다 중요할 수 있다.

SNS에서 사용되는 이미지 필터에 관해서도 고민해볼 만하 다. 인스타그램은 일찍이 AI필터 기능을 통해 사용자들이 자신 을 이상적 이미지로 드러낼 기회를 제공해왔다. AI필터는 사용 자가 자신의 얼굴을 편집하고 미세하게 변형하여 더 매력적이고 젊어 보이게 해주는 도구다. 출시 직후에는 큰 호응을 불러왔지 만, 최근 들어서 이러한 AI필터가 비현실적인 아름다움을 강화하고 자기 비하와 외모에 대한 불만족을 유발할 수 있다는 비판이 강하게 제기되고 있다.

AI기술이 시각화 영역에서 광범위하고 주요하게 사용되는 만큼, 마케터는 AI툴로 만든 결과물이 현실을 왜곡하거나 사회적 고정관념을 강화할 수 있음을 알아야 한다. 그리고 이것이 어떻게 여성들을 포함한 주요 소비자층에게 불만족과 압박을 가할 수 있는지 생각해봐야 한다.

화장품업계의 경우 화장품 사용 이미지들을 생성하는 데 있어서 AI를 활용하곤 하는데, 이때 AI 이미지 생성의 부작용에 대해서 조심해야 한다. 이니스프리가 색조제품 판매페이지에 다양한 AI로 생성된 모델 이미지들을 활용해 큰 논란을 불러온 게 대표적인 사례다. 이니스프리는 일부 색조제품 판매페이지에 생성형 AI로 만들어진 모델 이미지를 사용했다. 문제는 이 이미지가 AI를 활용해서 만들어졌다는 사실을 안내문구로 고지하지 않은 것이다. 소비자가 제품을 구매할지 말지를 결정하는 데 있어서, 해당 화장품을 사용한 모델의 촬영 이미지가 중요한 영향을 미친다. 그런데 실제 인간 모델의 사진이 아닌 생성형AI로 제작한 이미지를 사용하고 이를 제대로 밝히지 않아 문제가 된 것이다. AI로 생성해낸 사람 이미지의 발색 정보는 포토샵으로 인위적으로 만들어낸 거짓 효과를 강조한 이미지와 다르지 않다고 판단될 수 있다. 앞으로 많은 화장품회사들이 비용 절감 차원에서 생성형AI를 통한 이미지들을 활용할 수밖에 없을 것이다. 그렇기에 더욱 인위적인 이미지의 사용으로 인해 발생할 수 있는 부정적 이슈에 대응하기 위한 명확한 가이드라인이 필요한 시기라 하겠다.

〈인디아나 존스〉는 왜 실패했을까

2025년 3월 아카데미시상식에서 가장 주목을 받았던 두 편의 영화 〈브루탈리스트〉와 〈에밀리아 페레즈〉의 공통점은 아름다운 영상미가 좋은 각본에 따라 만들어졌다는 데 있다. 또한 두 편 다 적절한 형태로 AI기술을 활용했다는 점도 주목해야 한다. 〈브루탈리스트〉의 감독은 영화 후반작업에서 주연배우들의 헝가리어 발음을 인공지능 음성변조기술을 사용해 보정했다고 밝혔다. 배우들의 자연스러운 연기를 보정했다고 볼 수 있는 AI의 활용은, 에이드리언 브로디가 남우주연상을 수상하면서 논란이 되기도 했다. 〈에밀리아 페레즈〉 역시 일부 장면에서 AI기술을 활용했다고 한다.

최고의 영상을 만들어내고자 노력하는 영화계는 AI기술을 적극적으로 수용하는 방향으로 변해가고 있다. 초기 AI기술 활용에 부정적인 태도를 보였던 미국 아카데미시상식 주최 측이 향후 인공지능을 활용한 작품도 후보에서 배제하지 않겠다는 방침을 발표한 것도 그런 변화의 흐름을 보여준다. 이러한 흐름 안에서 다양한 배우들의 '인공지능 클론'을 구축하는 시도들도 만들어지고 있다. 할리우드의 유명 에이전시들 중 하나인 '크리에이티브 아티스트 에이전시(CAA)'가 브래드 피트와 같은 소속 연예인들을 활용한, 인공지능 클론을 구축하는 작업을 테스트하고 있는 것으로 알려져 있다. 이제는 영화 속에서 유명 배우의 얼굴과 몸을 표현하는 생성형AI 배우의 시대가 열릴 것으로 많은 전문가들은 보고 있다. 그렇다면 생성형AI 배우의 등장에 대해 관객들은 어떤 반응을 보일까?

2023년 〈인디아나 존스: 운명의 다이얼〉이 개봉할 때만 해도 이 영화의 실패를 예측한 사람은 드물었다. '인디아나 존스' 시리즈의 마지막 장이면서 15년 만에 돌아온 후속작에 대한 기대는 아주 컸다. 〈로건〉, 〈포드 V 페라리〉 같은 영화로 흥행과 평단의 찬사를 동시에 받았던 제임스 맨골드 감독이 스티븐 스필버그의 연출을 이어받았다는 점도 기대감을 높였다. 하지만 결론적으로 이 영화는 흥행에 참패했다. 제작비와 마케팅 비용에 약 3억 2900만 달러를 들였음에도, 전 세계에서 벌어들인 수익은 3억 235만 달러에 그치고 말았다.

대다수의 관객과 전문가들은 흥행 실패의 주요 요인으로 주인 공인 해리슨 포드에게 적용된 디에이징(De-aging) 기술을 꼽았다. 영화 개봉 당시 해리슨 포드의 나이는 81세였지만, 영화에서 큰 비중을 차지하는 과거 회상 장면에서 젊은 시절의 인디아나 존스를 표현하기 위해 AI기술로 그를 회춘시켰다. 문제는 관객들이 이 젊은 인디아나 존스의 모습에 크게 불편함을 느꼈다는 점이다. 로튼 토마토나 IMDb 같은 영화 평점 사이트에 가보면, 화면상으로 해리슨 포드의 얼굴이 완벽하게 젊어진 것은 사실이지만 자연스럽지 않아서 불편했다는 글이 무수히 많다.

디지털기술 전문가들의 의견도 비슷했다. 〈테크레이더(TechRadar)〉나 〈와이어드〉 같은 기술 전문매체들도 디에이징 기술이 놀라운 발전을 이뤘지만, 여전히 그 흔적들을 손쉽게 발견할 수 있어서 몰입에 방해가 될 수 있다고 언급했다. 한마디로 관객들이 눈앞의 인물이 진짜 살아 숨쉬는 해리슨 포드가 아니라 AI가 만들어낸 이미지로 여긴 순간, 해리슨 포드의 디에이징된 얼굴에 드러난 감정에 공감하지 못했고 결국 영화 전반에 대한 몰입이 깨진 셈이다.

이는 '불편한 골짜기 현상'으로 설명할 수 있다. 1970년 일본의 로봇공학자 모리 마사히로가 처음 명명한 이 개념은, 로봇이 인간과 닮을수록 사람들의 호감도는 높아지지만 인간과 너무 닮

아버리는 순간 불편한 감정을 느끼는 현상을 말한다. 이 불편한 감정은 AI가 인간과 매우 유사한 결과물을 만들어낼 때 발생하기도 한다. 원인은 여러 가지가 있지만, 무엇보다 AI가 생성한 이미지와 영상이 이질감이나 위화감을 주기 때문이다. 예를 들어 AI로 만든 영상 속 인물이 웃고 있지만 눈빛이나 미소가 부자연스러운 경우, 우리 뇌의 자동 인식 시스템이 오류를 일으켜 감정적인 불편함을 초래할 수 있다.

실제로 영국 케임브리지대학교 생리학과와 독일 아헨공과대학교 휴먼테크놀로지센터의 공동연구팀은 인간의 뇌에서 불편한 골짜기 현상을 유발하는 영역을 발견했다고 2019년 〈커런트 바이올로지(Current Biology)〉에 발표했다. 연구팀은 기능성자기공명영상(fMRI)을 활용하여 참가자들에게 다양한 얼굴 이미지를 보여주고 뇌활동을 측정했다. 그 결과, 인간의 얼굴과 유사하지만 미묘하게 비정상적인 얼굴을 볼 때 뇌 속 내측 전두엽의 두 영역이 활성화된다는 사실이 밝혀졌다.

또 다른 원인으로는, AI 콘텐츠에는 사회적 연결이 결여되었다는 점을 들 수 있다. 인간은 다른 사람들과 상호작용할 때 사회적 신호를 읽고 신뢰를 바탕으로 감정을 교환한다. 그러나 AI로 생성된 이미지는 다르다. 아무리 AI가 사랑을 나누고 다정하게 대화하는 사람들의 모습을 완벽하게 묘사해도, 이미지 속 인물들 사이에는 진실된 감정이나 의도가 실재하지 않는다는 걸 아는 우리는 불편함을 느끼게 된다.

　불편한 골짜기 현상은 AI를 시각화 도구로 마케팅에 활용하는 데 있어 큰 숙제를 던진다. AI가 창의적인 이미지를 만들어내는 초석을 마련하고 결과물을 빠르게 생성해주는 것은 사실이지만 그 결과물에 소비자들이 불편함을 느낄 수 있기 때문이다. 이러한 문제점을 해결하고 더 효율적으로 AI를 활용하는 방안들을 고민해야 하는 이유다.

핵심은 '수단'이 아니라 '감정'이다

AI로 제작한 광고가 흔해진 세상이다. 이에 따라 AI광고를 어떠한 형태로 만들어야 소비자들의 긍정적인 반응을 이끌어낼 수 있을지에 관한 마케팅 연구들도 활발히 진행되고 있다. AI가 생성한 시각적 결과물들에 대한 소비자의 태도는 소비 맥락, 소비자 특성, 구체적인 상황에 따라 달라진다. 무엇보다 광고 규제가 강화되면서 이제 소비자들은 자신이 접하는 광고를 인간이 만들었는지, AI가 만들었는지를 명확하게 인지할 수 있다. 구글은 2023년 11월을 기점으로 모든 정치 선전물에 대해 AI 생성 여부를 공개하도록 했다. 이러한 행보를 보이는 건 구글만이 아니다. 메타는 2024년부터 자사 플랫폼에 올라오는 광고 일체에 AI 소프트웨어 사용 여부를 명시하는 정책을 시행 중이다. AI광고가 광범위해지고 보편화될수록 AI광고에 대한 소비자 반응을 이해하는 것이 중요해진 이유다.

중국 중산대학교와 호주 애들레이드대학교의 공동연구진은 어떤 형태의 AI 시각 콘텐츠가 효과를 발휘하는지 연구한 결과를 2024년 〈비즈니스 리서치저널〉에 발표했다. 이들의 연구는 똑같은 AI툴로 만들어도 '목표 달성, 성취감, 효율'처럼 개인적 역량을 강조하는 광고가 '사회적 연결, 따뜻함, 소속감'을 강조하는 광고보다 소비자에게 더 좋은 반응을 이끌어낼 수 있음을 밝혀냈다.

우리가 흔히 접하는 광고는 크게 행위성(Agentic) 혜택을 부각하는 방식과 공동체성(Communal) 혜택을 부각하는 방식으로 메시지를 전달한다. 행위성 광고는 소비자의 수행 능력, 개인 역량을 향상하는 데에, 공동체성 광고는 소비자의 사회적 관계를 강화하고 소속감을 부여하는 데에 초점을 맞춘다.

일례로 애플의 1997년 광고캠페인 '다르게 생각하라(Think different)'는 행위성 광고에 가깝다고 볼 수 있다. 많은 사람이 기억하는 문구이자 애플의 상징적인 슬로건이 된 '다르게 생각하라' 캠페인은, 애플의 혁신적인 이미지를 강조하는 동시에 애플 제품을 선택하는 사람은 독창적이고 차별화를 추구한다는 메시지를 소비자에게 전달했다. 즉 자신의 사고방식과 행동을 변화시키고, 기존의 방식을 뛰어넘어 새로운 길을 개척하는 사람들이 더 나은 세상을 만든다는 인상을 준 것이다. 소비자에게 능동적 역할과 자신감을 부여하는 광고 메시지의 성공 사례라 할 수 있다.

반면에 코카콜라의 광고캠페인 '오픈 해피니스(Open Happiness)'는 공동체성 혜택을 부각한 사례라 할 수 있다. '오픈 해피니스'는 2009년부터 2015년까지 코카콜라의 글로벌 마케팅 슬로건으로 사용되었는데, 말 그대로 '행복을 나누자'라는 메시지를 전달하며 코카콜라를 단순한 음료 이상의 것, 즉 행복과 즐거움을 전파하는 수단이라는 인식을 심어줬다. 코카콜라를 통해 사람들과 함께 즐겁게 소통하고 유대를 쌓고 상호연결되는 경험을 얻을 수 있다고 말이다.

우리는 AI와 인간이 특출나게 잘하는 전문성의 영역이 다르다고 믿는 경향이 있다. 특히 감정과 감각을 다루는 경험성(Experience)은 AI는 가질 수 없는 인간만의 고유한 능력으로 간주한다. 반대로 문제를 분석하고 해결하는 행위성은 AI가 인간보다 더 앞선다고 생각한다. 마케팅에서도 마찬가지다. 소비자는 객관적

애플의 광고캠페인 '다르게 생각하라'

코카콜라의 글로벌 마케팅 슬로건 '오픈 해피니스'

행위성 광고는 소비자의 수행 능력, 개인 역량을 향상하는 데에, 공동
체성 광고는 소비자의 사회적 관계를 강화하고 소속감을 부여하는 데
에 초점을 맞춘다.

삼성생명 광고캠페인 'AI에게 물어보았습니다'

이고 실용적인 영역에서는 AI가 인간보다 더 신뢰할 수 있다고 판단하지만, 경험이나 쾌락을 다루는 주관적인 영역에서는 인간보다 덜 유능하다고 생각한다. 이러한 경향성을 감안하면, AI로 생성한 광고는 행위성 메시지에 초점을 맞출 때 인간이 만든 광고보다 효과적으로 작동할 수 있지만, 공동체성 메시지를 담은 경우에는 그 효과가 덜할 수 있다는 결론이 나온다.

삼성생명이 AI로 제작한 2023년 광고캠페인을 살펴보자. 'AI에게 물어보았습니다'라는 문구로 시작하는 이 광고는 행복감을 느끼는 사람들의 모습을 보여주며 보험에 대한 인식을 긍정적으로 바꿔나가겠다는 메시지를 전달한다. 공동체성을 강조하는 광고의 형태로 볼 수 있는데, 이렇게 광고에 등장하는 인물 모두를 AI이미지로 그려낼 경우 메시지의 매력도와 설득력이 줄어들 수 있다. 만약 행위성에 초점을 맞춰 삼성생명의 여러 보험상품이 개개인의 성취를 끌어올리는 데 어떻게 기여하는지 보여줬다면, 결과는 조금 달라졌을지 모른다.

AI, 브랜드를 독창적으로 표현하는 디자이너

이렇듯 AI는 브랜드 로고를 설계하고 이미지를 편집하는 수준을 넘어 더욱 확장된 형태의 디자인 영역으로 진입하고 있다. 영상광고는 브랜드 가치를 시청각적으로 구현해 전달하는 고차원적 의사소통 도구로 자리잡았고, AI는 모션 디자이너이자 연출가로 활약하고 있다. 각종 생성형AI툴은 장면 전환, 색감, 오디오 요소까지 설계하며 코카콜라, 렉서스, 삼성생명의 사례처럼 많은 브랜드들이 AI가 제안한 시나리오와 톤앤드매너를 토대로 광고캠페인을 전개하고 있다. 한마디로 AI는 시각화를 통해 브랜드를 독창적으로 표현하는 디자이너로 자리매김하고 있다.

　시각화 영역에서 인간 디자이너가 하던 일을 AI가 대체하는 것은 이미 막을 수 없는 흐름이다. 이런 상황에서 마케터들은 AI로 생성한 인위적이고 위화감을 줄 수 있는 이미지를 어떠한 방식으로 사용해야, 소비자가 부정적인 감정을 느끼지 않을지 고민해야 한다. AI를 단순하게 이미지나 영상을 제작해주는 수단으로 여기는 것을 넘어서, 그 결과물이 불러올 다양한 소비자 심리와 메커니즘을 탐구할 필요가 있다.

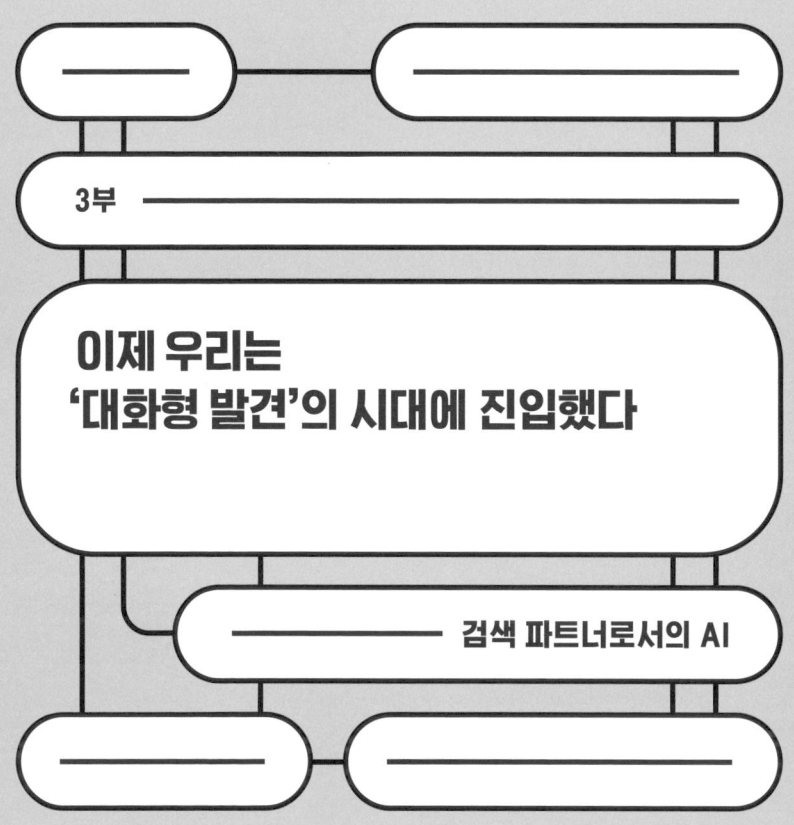

3부

이제 우리는
'대화형 발견'의 시대에 진입했다

검색 파트너로서의 AI

구글 천하는 무너질 것인가

새로운 검색의 시대가 도래했다. 오픈AI 같은 생성형 인공지능의 등장과 함께, 검색엔진 시장에서 영원할 것만 같았던 구글의 독주체제에 금이 가기 시작했다. 웹트래픽 분석업체 스탯카운터(StatCounter)의 발표자료에 따르면, 2024년 10월 구글의 글로벌 검색엔진 점유율은 89.34퍼센트로 집계됐다. 여전히 놀라운 수치지만, 2015년 3월 이후 약 10년간 91~92퍼센트로 유지되던 점유율이 처음으로 90퍼센트 이하로 하락한 것이다.

챗GPT와 같은 생성형AI의 사용량이 증가하면서 소비자들의 검색패턴이 빠르게 변화하고 있다. 2025년 2월 베인앤드컴퍼니가 발표한 자료에 따르면, 소비자들의 약 80퍼센트가 검색과정에서 원하는 정보의 40퍼센트가량을 AI의 답변에 의존하고 있다고 한다. AI 의존도가 증가함에 따라 웹사이트의 직접 방문율은 대략 15~25퍼센트 감소했다. 과거의 방식으로 검색엔진 서비스를 이용하는 사람들이 점진적으로 줄어들고 있는 것이다.

이제 기업들은 온라인상에서 제품·서비스를 알릴 때 이전과는 전혀 다른 접근법을 취해야 한다.

제로클릭(Zero-Click), 즉 '검색결과 페이지에서 곧바로 원하는 답변을 얻음으로써, 추가 클릭을 통해 특정 웹사이트로 이동하지 않는 현상'은 이미 곳곳에서 발견된다. 수년 전 구글, 네이버 등에 특정 키워드를 검색하면 그와 관련있는 웹사이트 링크들이 뜨고, 소비자가 그 링크들을 클릭하면서 정보를 선택·취합하던 때와는 상황이 다르다. 앞으로는 소비자가 AI와 직접 대화하면서, AI가 선별한 맞춤화된 정보를 취하는 방식으로 검색이 이뤄질 것이다. 이는 기업이 소비자와 소통하는 방식, 채널 활용, 홍보·마케팅 전반에 엄청난 변화를 불러올 수밖에 없다.

과거에는 주요 키워드를 통해 소비자들과의 접점을 만들기 위해 '검색엔진 최적화(Search Engine Optimization, SEO)' 같은 마케팅 기법이 각광받았다. 예를 들어 테니스에 관심을 가진 소비자가 '가성비 좋은 테니스라켓'이라고 구글에 검색하면 테니스 브랜드 '윌슨(Wilson)'의 공식홈페이지나 윌슨에서 만든 SNS 콘텐츠가 떴다. 윌슨의 입장에서는 이러한 검색 단계가 아주 중요하다. 테니스에 대해 잘 모르는 입문자나 초보자에게 자사 브랜드를 가장 먼저 알리는 기회이기 때문이다. 이처럼 기업들은 핵심고객들이 사용하는 키워드를 발굴해 맞춤형 콘텐츠를 제작하고, 구글 검색페이지 상단 자리를 구매하는 형태로 SEO마케팅을 진행해왔다.

검색은 소비자의 욕망을 드러낸다는 점 때문이라도 마케팅에서 빼놓을 수 없는 영역이다. 하지만 사람들은 점점 클릭을 멈추고, 다양한 생성형AI와 교류하면서 정보를 얻고 있다. 이런 변화에 발맞춰 기업들도 자사에 우호적인 정보들이 생성형AI의 답변에 인용될 수 있도록, 검색엔진 마케팅에 변화를 줄 필요가 있다.

답은 3C에 있다

SEO전략은 어떠한 방향으로 변하게 될까? 핵심은 생성형AI가 소비자와 대화하며 정보를 전달하는 과정에서 특정 콘텐츠를 인용하도록 만드는 데 있다. 이때 필요한 것이 생성형 엔진 최적화(Generative Engine Optimization, GEO)전략, 혹은 AI 검색 최적화(AI Search Optimization, AISO)전략이다. 이를 위해서는 마케팅 콘텐츠를 제작할 때 세 가지 핵심가치, 즉 대화적 접근(Communication), 명료성(Clarity), 신뢰성(Credibility)이라는 3C에 주안점을 두어야 한다.

첫째, 문답형에 최적화된 콘텐츠가 필요하다.

이제 소비자들은 AI에 질문을 던짐으로써 원하는 정보를 얻을 것이다. 고로 AI가 답변으로 추출할 만한 콘텐츠를 온라인상에 많이 포진하는 전략이 중요하다. 키워드나 정보를 단순 나열하는 형태는 금물이다. 질문형 타이틀을 만들고 이에 명료한 답변을 제공하는 방식이어야 한다. 윌슨의 공식홈페이지를 예로 들어 설명해보자. '프로 테니스 선수가 가장 많이 사용하는 라켓의 무게는 얼마일까요?'라는 질문과 함께 '남성 프로 선수의 경우 일반적으로 300~310그램의 라켓을 사용합니다'라고 답변하는 콘텐츠를 올리고 관리해야 한다는 뜻이다. 더불어 '윌슨의 블레이드는 305그램으로, 대부분의 프로 선수들에게 최적화된 라켓입니다' 등 제품에 대한 우호적인 정보까지 담아냄으로써, AI가 비슷한 질문에 대한 대답으로 사용할 수 있도록 유도하면 더욱 좋다.

소비자가 AI에게 어떤 방식으로 질문하는지 역시 명민하게 고려해야 한다. '가성비 좋은 테니스라켓 추천' 같은 키워드 검색은 갈수록 사라지고 있다. AI 의존도가 높아지면서 '가격 대비 성능이 좋은 테니스라켓은 뭐야?' 같은 서술형 질문이 늘어나고 있는 것이다. 질문이 하나에 그치지 않는다는 점도 주요 포인트다. AI가 내놓은 답변에 따라 '성인 여성도 해당 라켓을 사용하기 쉬울

116

까?', '이 라켓을 파는 오프라인 매장은 어디야?' 같은 질문들이 꼬리에 꼬리를 물고 이어질 가능성이 높다.

이처럼 일련의 질문들을 사전에 파악하고 그에 대한 답을 하나의 콘텐츠에 자연스럽게 녹여내 전달할 수 있도록 노력해야 한다. 이를 프롬프트 체이닝(Prompt Chaining)에 맞춰 콘텐츠를 최적화하는 것이라 한다. 프롬프트 체이닝은 여러 단계의 프롬프트를 차례로 연결해 복잡한 문제를 해결하는 기법을 뜻한다. 예를 들어 설명해보자. 사용자가 텍스트 기반의 질문을 던지면 AI는 프롬프트 1을 사용해 답변 1을 제시하고, 이어진 질문에 대해서는 (프롬프트 1의 결과가 입력된) 프롬프트 2를 통해 답변 2를 내놓는다. 이렇게 사용자와 AI가 질문을 주고받으며 최종 결과를 생성해내는 것이다.

둘째, 구조화된 콘텐츠가 중요하다.

AI는 구조화된 데이터로 콘텐츠를 이해하는 경향이 있다. 따라서 제품에 대한 정보를 길게 나열하기보다는, 일정한 틀로 구조화한 후 단계적이고 구체적인 예시를 들어야 AI가 답변으로 채택할 가능성이 높아진다. 윌슨의 사례를 다시 가져오면 '테니스 라켓 윌슨 블레이드 제품 리뷰 및 분석' 같은 표제를 붙이고 그 아래에 '제품 스펙 및 기술적 특성', '프로 선수 사용 사례' 등 다

AI가 이해하기 쉽게 구조화된 제품 콘텐츠 구성 사례

구분	내용
제품명	윌슨 블레이드 98 V8
주요 스펙	• 무게: 305g(스트링 제외) • 헤드 사이즈: 98sq.in • 밸런스: 320mm • 스트링 패턴: 16×19
기술적 특성	• FeelFlex 기술: 샷 컨트롤 향상 • DirectConnect 핸들: 진동 감소 • Dynamic Color Finish: 조명에 따라 색상 변화
권장 사용자	중·상급자, 스트로크 중심의 경기 스타일 선호자
프로 선수 사용 사례	스테파노스 치치파스, 알렉스 드 미노르 등
장점 요약	• 정밀한 컨트롤 • 안정된 타구감 • 트렌디한 디자인
단점 요약	• 초보자에게는 무거울 수 있음 • 파워보다는 컨트롤 중심
AI 활용 포인트	• '프로 테니스 선수가 많이 사용하는 라켓은?'에 답변하는 형식의 콘텐츠 구성 • 문답형 콘텐츠에서 자연스럽게 인용 가능하도록 표 형식 유지
관련 콘텐츠	• 윌슨 공식 제품페이지 링크 • 프로 선수 사용 영상 링크

양한 소제목으로 정보를 드러내는 콘텐츠가 유리할 것이다. 다소 복잡한 개념을 설명해야 하는 경우에는 표나 다이어그램을 통해 정보를 간단명료하게 제공할 필요가 있다. 즉 명확한 '소주제 분리'와 '시각적 구분'이 중요하다.

브랜드 홈페이지나 블로그를 아무리 훌륭하게 만들어도, AI가 제대로 읽고 이해하지 못하면 무용지물이다. 지금까지 인간 사용자의 관점에서 그들에게 시각적 즐거움과 편리함을 주는 방향으로 홈페이지나 블로그를 만들었다면, 이제는 AI 검색 최적화를 위한 정보 전달방식을 고민해야 한다. 일례로 콘텐츠에 대한 정보를 구조화·표준화된 형식으로 전달하는 스키마 마크업(Schema Markup) 등과 같은 기술을 활용하면 AI가 좀 더 쉽게 정보를 해석할 수 있다.

AI는 전체 글을 읽지 않는다. 하나의 글을 문단, 문장, 소제목 단위로 잘라 청크(Chunk)로 나눠 분석한다. 예를 들어 '초보자에게 적합한 무게를 가진 테니스라켓을 추천해줘'라는 질문을 받으면, AI는 수많은 정보들 중 '초보자들에게 적합한 형태의 특징들을 가진 라켓들'을 다룬 문단을 찾아내고, 이를 그대로 복사해 답변에 삽입하려고 할 것이다. 즉 AI가 좋아하는 청커블(Chunkable)한 형태란 콘텐츠를 짧고 독립적인 의미 단락으로 나눈 것이라 이해할 수 있다.

셋째, 신뢰할 수 있는 정보가 핵심이다

AI는 콘텐츠의 신뢰성과 정확성을 중요하게 평가한다. 따라서 콘텐츠를 구성할 때 신뢰할 만한 구체적인 데이터를 포함시키거나, 해당 정보가 어떤 출처와 참고자료를 기반으로 만들어졌는지 명확하게 표기해야 한다.

이를 위해 2022년 구글이 발표한 EEAT 원칙을 참고할 필요가 있다. EEAT는 Experience(경험), Expertise(전문성), Authoritativeness(권위성), Trustworthiness(신뢰성)의 약자로, 구글이 콘텐츠 품질을 평가할 때 사용하는 핵심 프레임워크다. 구글의 SGE(Search Generative Experience) 같은 AI 검색은 EEAT가 높은 콘텐츠를 우선적으로 인용한다고 알려져 있다.

하나씩 설명해보자. AI에게 '경험' 측면에서의 신뢰도를 높이는 신호를 전달하기 위해서는 'A라는 라켓이 유용하다'라고 하기보다는 '초보자 몇 명이 A라는 라켓을 1년 동안 사용한 후 만족도가 95퍼센트 이상이었다'처럼 실제 사례와 체험에 기반한 콘텐츠를 담아내는 편이 좋다. '전문성' 측면에서는 연구 데이터·학술논문의 결과를 반영한 콘텐츠를 구성하는 것이, '권위성' 측면에서는 공신력 있는 언론매체나 영향력이 큰 인물들의 긍정적 평가 등 권위 있는 출처를 기반으로 콘텐츠를 구성하는 것이 중요하다. AI는 출처가 투명하게 드러난 콘텐츠를 더 안전하다고 판단하니 '신뢰성' 측면에서 좋은 신호를 전달하려면 출처, 레퍼런스, 데이터 원문 링크를 콘텐츠에 명확하게 포함시키는 전략도 필요하다.

AI챗봇, 지식 내비게이터이자 스마트한 선장

마이크로소프트의 CEO 사티아 나델라는 말했다.

"이제 우리는 대화형 발견(conversational discovery)의 시대에 진입했다. 브랜드는 단순한 정보 제공자를 넘어서 대화를 이끌어내는 스토리텔러가 되어야 한다."

그의 말은 제로클릭시대에 AI 기반의 새로운 검색 마케팅전략을 어떻게 수립해야 하는지에 대한 통찰을 전한다. 이제 소비자들은 광활한 정보의 바다를 헤매는 걸 원하지 않는다. AI가 소비자와 '대화'하면서 질문에 대한 답으로 제시할 수 있는, AI에게 빠르고 정확하게 발견될 수 있는 콘텐츠가 중요해진 이유다.

키워드를 검색하는 기존의 방식을 벗어나 AI와 대화하면서 정보를 탐색하는 방식이 보편화될 경우, AI챗봇의 역할은 여러 방향으로 확장될 것이다. 요컨대 챗봇이 일종의 지식 내비게이터처럼 기능하며 온라인 플랫폼에 대한 다채로운 고객경험을 선사할 수 있다.

유니클로나 이마트 같은 오프라인 유통매장에 방문할 때를 떠올려보자. '도움이 필요하면 언제든 말씀해주세요'라는 배지를 단 직원을 곳곳에서 만나게 된다. 이들의 역할은 고객들의 니즈를 파악하고, 이를 충족하기 위한 서비스나 제품을 연결해주는 일이다. 이런 오프라인 공간과 달리 온라인 공간은 이제껏 무인 매장과 비슷하게 운영되었다. 매장에는 소비자가 자신이 원하는 키워드를 검색할 수 있는 키오스크가 마련되어 있을 뿐이었다. 한마디로 소비자가 직접 자신의 니즈를 반영하는 키워드를 검색한 뒤 결과로 나온 링크들을 살피며 제품의 상세정보를 확인한 후 구매했다. 하지만 AI챗봇의 등장은 이런 소비패턴을 뒤집었다. 소비자가 필요한 제품의 요건을 말하면 AI챗봇이 그에 맞는 제품과 바로 연결해주는 형태로 변모한 것이다.

쿠팡이나 11번가 같은 이커머스에 접속하면 최근 도입된 다양한 AI챗봇 시스템을 만날 수 있다. 이러한 챗봇 서비스를 제공하는 대표적인 국내 기업이 '와들'이다. 와들이 처음 이름을 알린 것은 시각장애인에 특화된 쇼핑앱 '소리마켓'을 통해서였다. 시각적으로 어필하기 어려운 소비자를 위해 대화 기반의 다양한 소통방식을 연구한 것이 쇼핑 전문 대화형AI 에이전트 '젠투'의 개발로 이어졌다. 현재 젠투는 온라인쇼핑몰에 방문한 소비자들과 대화하면서 구매 의도를 파악하고 적합한 상품들을 추천하고 있다.

해외에서도 이커머스기업들을 주축으로 다양한 AI챗봇들이 판매원으로 활약하고 있다. 아마존은 '프라임'이라는 유료 멤버십을 운영하며 매년 대규모 이벤트를 연다. 특히 멤버십 회원을 위한 '프라임 데이'를 통해 2024년 142억 달러라는 매출을 기록했는데, 이는 전년도보다 11퍼센트 성장한 역대 최고의 매출이었다. 아마존은 이 성과가 2024년 2월 선보인 AI 쇼핑챗봇 '루퍼스(Rufus)' 덕분이었다고 자체적으로 평가했다. 루퍼스의 핵심 역할은 제품을 구매할 때 주요하게 고려해야 하는 속성에 대한 질문에 답하며, 고객이 맞춤화된 소비를 하도록 돕는 데 있다. 한 소비자가 아마존에 접속하여 루퍼스에게 '어린아이가 있는 집에서 세탁기를 구매할 때 가장 중요하게 봐야 하는 요소는 뭘까?'라는 질문을 던진다고 해보자. 루퍼스는 이 질문과 관련된 정보·지식을 가이드라인의 형태로 제공해주는 동시에, 소비자의 쇼핑 성향을 분석해 맞춤형 제안을 해준다. 뿐만 아니라 소비자가 화면으로 보고 있던 재킷에 대해 '이 재킷은 일반 세탁기로 빨아도 괜찮을까?' 같은 세부적인 질문을 던지는 경우에도 적절한 대답을 할 수 있도록 훈련되어 있다.

루퍼스가 기존의 챗봇들과 차별화되는 지점은, 당장 판매로 직결되지 않더라도 소비자가 긍정적인 경험을 할 수 있도록 정보를 충실히 제공하는 훈련이 되었다는 점이다. 다시 말해 온라인쇼핑몰에서 판매 중인 제품의 장점이나 사야 하는 이유를 앵무새처럼 늘어놓지 않는다는 뜻이다. 그보다는 '어버이날 선물로 반드시 피해야 하는 건 뭘까?' 또는 '러닝복들 중에 너무 헐렁해서 라인이 살지 못하는 제품은 뭘까?'와 같이 제품에 대한 부정적인 질문에도 친절하고 구체적인 답을 내놓는다. 특히 루퍼스에는 가품 문제를 해결하려는 아마존의 오랜 노력이 반영되어, 신뢰할 수 있는 정품 브랜드만 추천하도록 설계되어 있다.

루퍼스 같은 자체 플랫폼에 맞춤화된 생성형AI 서비스의 출시는 이커머스업계의 뜨거운 화두다. 앞으로 더 많은 이커머스 브랜드들이 앞다퉈 AI챗봇을 도입했을 때 기대할 수 있는 몇 가지 이득을 살펴보자.

첫째, 효율적 영업이 가능하다.

오프라인 매장 판매원에 버금갈 만큼 스마트하고, 자체 온라인 플랫폼에 최적화되어 있으면서, 소비자들에게 다양한 방식으로 편익을 제공하는 가상의 판매원을 둘 수 있다는 점이다. 오프라인 판매원은 숙련도를 높이고 수를 늘리는 데 비용이 든다는 한계가 있다. 반면 온라인의 경우엔 AI챗봇 시스템만 잘 세팅해두면 수백만 명의 훈련된 판매원을 효율적으로 운용하는 효과를 불러올 수 있다.

둘째, 간단명료한 정보 제공이 가능하다.

AI챗봇의 활성화는 제품 정보를 더 간소하고 효율적으로 전달할 수 있게 해준다. 기존과 같이 제품의 상세페이지에 자세한 내용이나 설명을 꾸역꾸역 집어넣을 필요가 없다. AI챗봇이 질문에 대한 답으로 쓰기에 적절한 형태로 입력만 하면 되는 것이다.

과거에는 소비자들이 특정 플랫폼에 접속했을 때 자신이 원하는 내용을 검색어의 형태로 변환해서 집어넣고, 바라는 정보가 나올 때까지 키워드를 바꿔가면서 검색할 수밖에 없었다. 하지만 이제 소비자들은 AI챗봇에게 다양한 질문을 던지면서 자신의 숨겨진 욕망을 발굴해가는 형태로, 검색을 더 적극적으로 즐기고 있다. 끝없이 펼쳐진 미지의 바다 같은 정보의 세계에서 안전하고 정확하게 길을 안내하는 스마트한 선장을 갖게 된 셈이다. 실제로 글로벌시장 조사기업 가트너(Gartner)는 2024년 발표한 리포트에서, 2026년까지 전통적인 형태로 만들어지는 검색량이

AI챗봇이나 가상 에이전트들에게 그 점유율을 25퍼센트 빼앗기리라 예측했다.

쌍방향 소통을 추구하는
디지털 네이티브들을 사로잡다

AI챗봇의 등장은 검색의 변화를 불러왔다. 키워드를 기입해 결괏값을 나열하는 기존의 방식에서, 대화형 인터페이스를 기반으로 개인화된 정보를 탐색하는 형태로의 전환이 명확하게 드러나고 있다. 특히 챗봇은 단순히 질문에 답을 내놓는 프로그램이라기보다, 하나의 인격을 지닌 페르소나처럼 대화 상대로 기능한다. 검색의 새로운 패러다임이 만들어지고 있는 셈이다.

2016년에 설립된 '밀리의서재'는 국내 최대 규모의 독서 플랫폼이다. 월정액 서비스에 가입하기만 하면 누구나 18만 권에 달하는 다양한 도서를 전자책 또는 오디오북 형태로 즐길 수 있다. 또한 흥미로운 독서경험도 가능하다. 일례로 밀리의서재는 인공지능 스타트업 '마인드로직'과 협력해 2024년 9월 '페르소나 챗봇'을 출시했다. 철학자 아르투어 쇼펜하우어의 소품집 《남에게 보여주려고 인생을 낭비하지 마라》의 내용에 더해 쇼펜하우어의 철학과 관련된 정보들을 학습시켜, 이른바 '쇼펜하우어 챗봇'을 개발한 것이다. 사용자가 삶의 다양한 고민들을 챗봇에게 털어놓으면, 챗봇이 쇼펜하우어의 철학적 담론에 근거해 조언을 건네거나 도서를 추천해준다. 분량이 많거나 어려운 책은 기피하는 젊은 세대들이 자신의 일상과 삶 이야기를 쇼펜하우어 챗봇과 편하게 나눌 수 있도록 하여, 독서에 대한 흥미도를 올린 성공적 시도라 할 수 있다.

밀리의서재는 이러한 개인 맞춤형 AI 독서 서비스를 'AI 독파밍'으로 명명하고 향후 다양한 책, 저자들과 관련된 독서 대화경험을 제공할 예정이다. 이제 사용자들은 더 이상 관심 도서나 콘텐츠와 관련된 키워드를 일일이 검색할 필요가 없다. 그 대신에 'AI 독파밍' 메뉴에 들어가 챗봇에게 '마케팅전략과 관련된 최신 책을 추천해줄래?'라거나 '고양이에 관한 재미있는 소설과 만화를 추천해줘' 같은 형태로 질문을 던지면 된다.

AI챗봇의 위상은 웹툰업계에서도 높아지고 있다. 네이버웹툰은 2024년 6월 대규모언어모델 '하이퍼클로바 X'에 기반한 AI챗봇 '캐릭터챗'을 선보였다. 캐릭터챗은 네이버웹툰 작품들의 내용과 등장인물의 특성 등을 학습한 뒤, 이를 바탕으로 만화 속 주인공처럼 팬들과 이야기를 나눈다. 배우나 가수를 좋아하는 팬들과 달리, 웹툰에 빠진 사람들은 만화 속 캐릭터를 만날 수

아마존의 AI 쇼핑챗봇 '루퍼스'

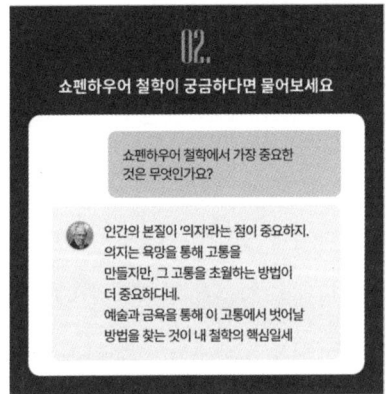

밀리의서재에서 출시한 '쇼펜하우어 챗봇'

챗봇은 단순히 질문에 답을 내놓는 프로그램이라기보다, 하나의 인격을 지닌 페르소나처럼 대화 상대로 기능한다.

도 대화할 수도 그들의 일상을 엿볼 수도 없었지만 이제는 상황이 다르다. 예컨대 〈유미의 세포들〉 팬이 '출출세포'에게 '너랑 가장 친한 세포는 누구야?' 하고 질문하면, 출출세포가 '아무래도 다이어트 세포인 것 같아!' 하고 대답하는 식이다. 네이버웹툰은 향후에 뚜렷한 개성을 보이는 캐릭터들을 위주로 더욱 다양한 챗봇 서비스를 내놓을 것이라고 예고했다.

최근 음반업계도 아이돌 팬덤을 대상으로 하는 챗봇 서비스에 주목하고 있다. 2024년 10월, 걸그룹 스테이씨가 디지털 싱글 앨범을 공개하면서 AI챗봇 '닷닷닷봇'을 출시한 것이 대표적 사례다. 닷닷닷봇은 스테이씨의 사랑스러운 이미지를 반영해 핑크빛 컬러감으로 가득한데, 독특하게도 사용자들에게 짝사랑 고민 상담을 해준다. 주로 고민 유형에 따른 대답을 건네거나 짝사랑 상대와 이어질 가능성을 수치로 보여주며 상담결과에 관련된 음원을 추천해주기도 한다. 그 과정에서 스테이씨와 관련된 다양한 이미지들을 자연스럽게 녹여내는 것은 물론이다.

사용자가 직접 AI캐릭터를 만들고 소통하며 자신만의 이야기를 쌓아갈 수 있는 서비스들도 앞다퉈 나오는 중이다. 대표적인 서비스가 바로 '제타'다. 누군가가 만든 콘텐츠를 일방적으로 소비하기보다, 직접 참여하는 쌍방향 소통을 추구하는 디지털 네이티브들을 사로잡는 AI페르소나 챗봇은 앞으로 더욱 성행할 것이다.

검색의 핵심은 '초개인화'

AI챗봇을 통한 검색의 핵심은 바로 '초개인화'다. 개개인에게 맞춤형 정보를 제공함으로써 혁신적인 소비경험을 선사하는 방향으로 검색은 진화를 거듭할 것이다. 이제는 코딩 전문가가 아니라도 챗GPT만 있으면 특정 주제나 분야에 특화된 챗봇을 간단히 만들어내어 자유롭게 검색을 즐길 수 있다. 모든 사람이 자신에게 최적화된 비서를 가질 수 있게 된 셈이다. 그야말로 검색이 검색창을 벗어나는 순간이다.

혁신은 이미 가까이에서 일어나고 있다. 특히 사람들의 일상생활과 밀접한 가전업계에서는 소비자 개인에게 얼마나 더 밀착된 경험을 건넬 것인지가 브랜드의 성패를 가르고 있다. 삼성전자의 '비스포크 AI' 시리즈는 가전제품에 AI챗봇을 접목시킨 사례다. 비스포크 라인으로 출시되는 스마트TV, 냉장고 등은 단순한 가전의 기능을 넘어서 사용자의 생활패턴을 학습해 선호도를 예측하고 맞춤형 정보를 제공하는 '개인화된 검색 비서' 역할을 하고 있다.

비스포크 4도어 플렉스 냉장고를 구매했다고 치자. 냉장고가 가동되는 순간 'AI 비전 인사이드 기능'이 돌아가면서, 내부 카메라를 통해 보관 중인 식료품을 자동으로 인식해 목록을 정리해줄 것이다. 사용자는 현재 냉장고에 어떤 식료품이 있는지 실시간으로 파악할 수 있고, 이에 근거해 필요한 식료품을 검색하거나 구매목록에 추가할 수 있다. 또 냉장고에 탑재된 'AI 패밀리 허브+'라는 터치스크린을 통해 지금 냉장고에 있는 재료로 가능한 레시피를 추천받을 수도 있다. 블로그나 유튜브 레시피에 맞는 재료를 준비하는 게 아니라, 냉장고 속 재료에 맞는 레시피를 선택하는 셈이다. 검색 단계가 대폭 줄어드는 것은 물론, 요리의 방식과 태도까지 달라지는 것이다.

이러한 흐름은 웨어러블기기 시장에서도 뚜렷하게 나타난다. 대표적인 예가 피트니스 웨어러블 브랜드 '훕(Whoop)'이 선보인 AI코치다. '훕'은 단순히 걸음 수나 심박수를 기록하는 수준을 넘어, 사용자의 수면·회복·운동 강도 데이터를 종합적으로 수집·분석해왔다. 여기에 오픈AI 기반의 AI코칭 기능을 결합하면서, 이제는 사용자가 직접 질문을 던지고 개인 맞춤형 답변을 받을 수 있는 '대화형 검색 비서'로 확장한 것이다.

사용자는 '오늘 회복지수를 고려했을 때 어떤 운동이 적합한가?', '내일 경기 준비를 위해 수면시간을 어떻게 조절해야 할까?'와 같은 질문을 던질 수 있다. 그럼 AI코치는 축적된 생체 데이터와 사용자의 목표를 바탕으로 알맞은 운동과 수면시간 등을 권고한다. 기존처럼 운동법이나 식이법을 인터넷에서 일일이 검

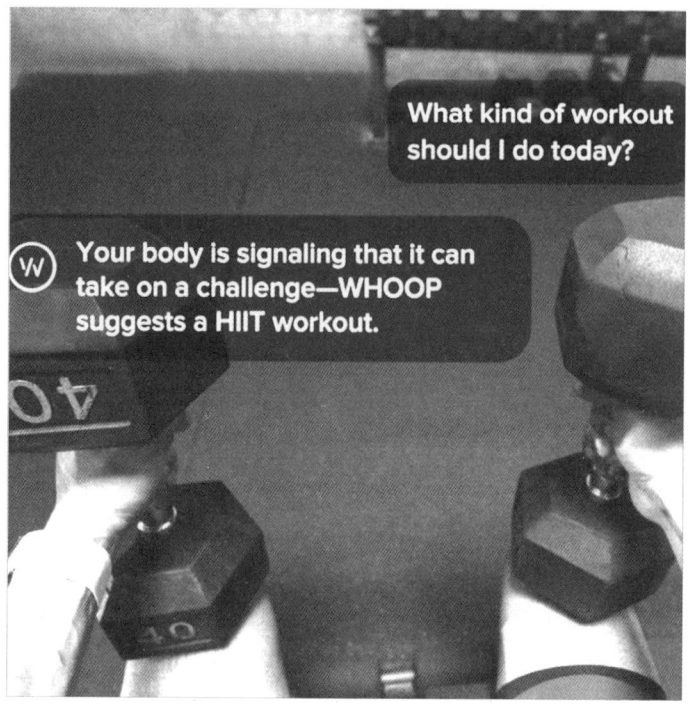

피트니스 웨어러블 브랜드 '훕'이 운영하는 'AI코칭 서비스'

훕의 AI코치는 챗봇이 사용자와 상호작용하며 학습하는 '개인화된 검색 코치'로 진화했음을 보여준다. 이는 '검색이 검색창을 벗어나 일상 속으로 녹아드는 과정'의 대표적 사례라 할 수 있다.

색할 필요 없이, 손목에 찬 기기와의 대화만으로 최적의 해답을 얻을 수 있다. 즉 훕의 AI코치는 챗봇이 사용자와 상호작용하며 학습하는 '개인화된 검색 코치'로 진화했음을 보여준다. 이는 가전에서 일어난 변화와 마찬가지로 '검색이 검색창을 벗어나 일상 속으로 녹아드는 과정'의 대표적 사례라 할 수 있다.

사람과 기술의 '관계'가 바뀌고 있다

검색은 오랫동안 현대인에게 있어 삶의 일부였다. 우리는 무언가가 궁금해지면 브라우저를 열고 키보드를 두드려 키워드를 집어넣었고 수많은 링크를 탐색하며 답을 찾았다. 그리고 그 중심에는 언제나 구글이 있었다. 검색창 하나로 세상의 지식을 연결하던 구글은 지난 20년간 검색시장을 지배했다. 그러나 생성형 AI의 등장으로, 구글의 견고하고 독보적인 입지에 균열이 일고 있다. 무엇보다 검색에 대한 우리의 기대와 습관에 새로운 바람이 불고 있다.

소비자들은 더 이상 키워드 검색결과에 만족하지 않는다. 그들은 이제 질문의 맥락에 제대로 답하는 결과를 기대하며, 때로는 대화를 나누고 조언과 통찰을 건네기도 하는 대상을 갈망한다. 이러한 대화형 검색으로의 이행은 인터페이스만의 변화에 그치지 않고, 검색의 철학 자체를 뒤바꾸고 있다. '무엇을 검색할 것인가'에서 '어떻게 질문할 것인가'로 중심축이 옮겨가고, 그 질문에 답하는 존재는 알고리즘이 아닌 AI파트너가 되어가고 있다. 오픈AI의 챗GPT, 아마존의 루퍼스, 밀리의서재의 쇼펜하우어 챗봇, 삼성전자의 비스포크 AI냉장고 등의 사례는 AI가 단순한 정보 탐색 도구를 넘어, 맥락을 이해하고 개인화를 실현하며 상호작용을 통해 소비경험 자체를 재정의하고 있음을 명확히 보여준다.

앞으로 혁신을 꾀하는 기업들은 자사 서비스에 가장 진보한 형태의 검색, 즉 '예측 기반 대화형 탐색' 시스템을 도입하게 될 것이다. 아마존의 루퍼스를 떠올려보라. '아이가 있는 집엔 어떤 세탁기가 좋을까?'라는 질문에, 수많은 세탁기의 특성을 분석하여 맞춤 가이드를 제공하고 사용자경험에 최적화된 제품을 추천한다. 말 그대로 '만능 판매원'의 역할을 수행하고 있는 셈이다. 당연하게도 이러한 변화는 브랜드 매니저와 마케터, 콘텐츠 제작자에게 엄청난 도전으로 다가올 것이다. 이제는 검색결과 상단에 노출시키기 위한 검색엔진 최적화 전략만으로는 부족하다. AI챗봇이 사용자와 대화할 때, 자사의 브랜드나 콘텐츠가 AI의 '대답'이 될 수 있도록 설계해야 한다.

검색은 더 이상 링크를 나열하는 행위가 아니다. 맥락 있는 질문을 던지고 그 질문에 유의미한 대화로 답하는, 소비자와 AI의 상호작용으로 진화할 것이다. 2025년 10월 미국 최대의 유통업체 월마트는 오픈AI와 전략적 제휴를 맺고 챗GPT를 활용한 직접 구매 서비스를 도입하겠다고 선언했다. 월마트 CEO는 이제 "이커머스는 '검색창 + 상품목록'이라는 기존의 판매방식 룰이 완전히 바뀔 것이다"라고 말했다. 앞으로 소비자는 자연스럽게 챗GPT와 이야기하면서 자신의 성향을 노출시킬 것이고, AI는 대화 가운데 획득된 데이터를 기반으로 고객의 취향과 쇼핑패턴을 학습하리란 예측이다. 그리고 고객이 무엇인가를 찾기 전에 필요한 물건이나 서비스를 먼저 제안하고, 이를 월마트에서 구매하도록 유도하겠다는 것이다.

바야흐로 아마존의 '원클릭(One-Click)'의 시대는 끝나고, 오픈AI와 월마트가 추구하는 제로클릭의 시대가 열렸다고 할 수 있다. 한때 아마존의 원클릭은 디지털 소비의 상징이었다. 클릭 한 번으로 세상의 모든 상품을 살 수 있는 경험은 온라인쇼핑의 패러다임을 완전히 바꿔놓았다. 그러나 이제 소비자의 판매를 이끄는 것은 클릭조차 필요하지 않을 수 있다. 월마트와 챗GPT가 꿈꾸는 제로클릭의 시대는 고객이 검색하지 않아도 AI가 그들의 의도를 예측하고, 필요를 미리 감지해 제안하는 세계다.

소비자와 AI가 함께 질문을 탐색하고 브랜드와 정보가 그 안에 자연스럽게 등장하는 '대화형 발견'의 시대가 왔다. 이는 단순한 기술의 진보를 넘어서 정보 소비방식의 진화, 브랜드 커뮤니케이션 방식의 혁신, 궁극적으로는 사람과 기술의 관계가 바뀌고 있음을 의미한다.

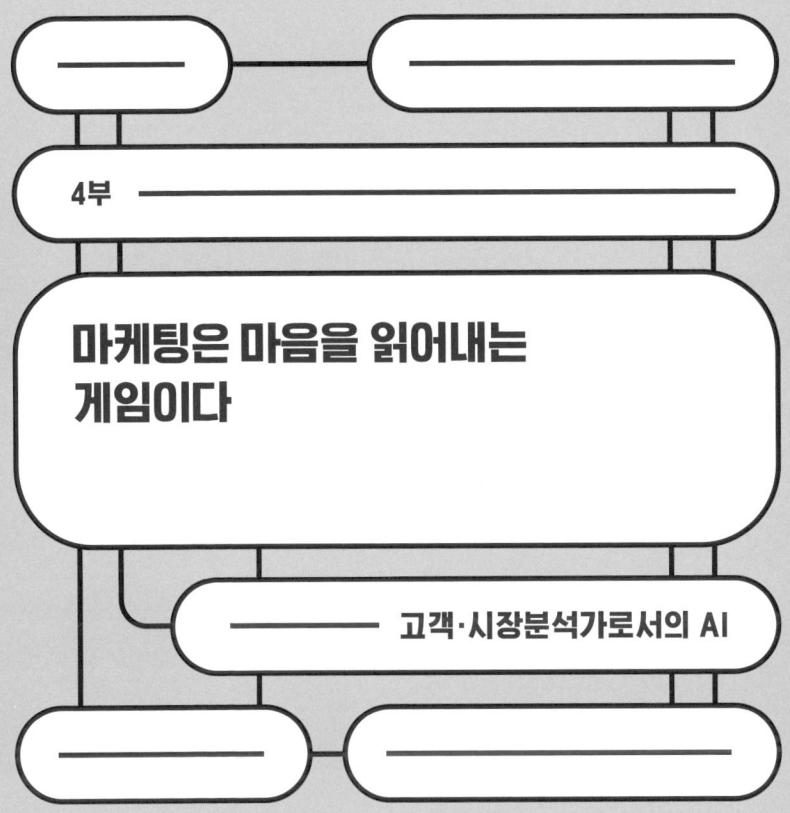

4부

마케팅은 마음을 읽어내는
게임이다

고객·시장분석가로서의 AI

"사람들은 자기가 무엇을 원하는지 모른다"

"사람들은 자기가 무엇을 원하는지, 보여주기 전까지는 모른다." 애플의 창립자 스티브 잡스가 고객경험에 대해 남긴 유명한 말이다. 혁신적인 제품은 고객이 말로 표현하지 않는 욕망을 끊임없이 읽어내고, 이를 선제적으로 제시하는 과정에서 자연스럽게 잉태된다는 것이다.

고객의 심리적 욕망을 제품에 녹여내고 심는 일이 중요하다는 것을 보여주는 마케팅 사례들이 여럿 존재하는데, 돌봄과 관련된 경우가 특히 그렇다. 어린아이나 노인 또는 환자를 돌보는 상황에서 우리가 의존하는 제품과 서비스는 생각보다 많다. 아이를 키워본 사람이라면 두세 시간 간격으로 분유를 타는 일이 얼마나 힘든지 잘 알 것이다. 이때 버튼 하나만 누르면 갓난아기에게 알맞은 온도와 농도의 분유를 만들어주는 자동 분유 제조기는 피곤에 지친 부모에게 큰 도움이 된다. 그 밖에도 아이들에게 아침밥을 먹이기 위해 마켓컬리 같은 곳에서 어린이용 밀키트 제품들을 배달시키고, 연로한 부모님을 돌볼 간병인과 요양보호사를 케어닥 같은 곳을 통해 구할 수도 있다.

가족이나 소중한 사람들을 돌보는 일은 중요하고 큰 의미를 지니지만, 때로는 엄청난 노력이 요구되는 것도 사실이다. 그래서 이를 손쉽게 만들어주는 수많은 제품과 서비스가 존재한다. 문제는 돌봄과정에서 제품이나 서비스를 사용하는 것이 항상 편안함을 주지는 않는다는 점이다. 일종의 죄책감 같은 감정적 비용을 지불하는 경우가 많은 탓이다. 요즘에는 식기세척기를 둔 가정이 흔한 풍경이 됐지만, 제품이 처음 출시되었을 때에는 상황이 조금 달랐다. 한동안 판매가 저조했는데 가장 큰 걸림돌은 높은 가격이 아니라, 당시 주부들의 심리적 우려였다. 주요 소비자층의 대다수가 식기세척기를 사용하면 주변에 '게으른 주부'로 비칠 가능성을 걱정했던 것이다.

아기를 흔들어 재워주는 '스누(SNOO)'의 스마트침대도 비슷한 사례다. 갓난아기를 돌볼 때 부모들이 수유만큼 신경쓰는 부분이 바로 수면이다. 아기들은 침대에 누워 알아서 자지 않기 때문에, 밤낮없이 아기를 안고 달래며 재워야 한다. 부모에게는 그 자체로 엄청난 노동인 셈인데, 스누 스마트침대는 부모가 재울 때처럼 살살 흔들어주면서 아기가 자연스럽게 잠들 수 있도록 해준다. 하지만 이 제품의 출시 소식이 〈뉴욕타임스〉에 실리자

마자 '게으른 부모들을 위한 장치'라며 독자들의 아우성이 쏟아졌다. 이렇듯 돌봄에 드는 공력을 줄여주는 제품들은, 소중한 사람에게 충분한 노력을 기울이지 않는다는 불편한 감정을 유발하기도 한다.

　우리 모두는 다양한 사람들과 친밀한 관계를 맺으면 살아간다. 그 대상은 부모일 수도 배우자일 수도 자녀일 수도 있다. 이들과의 관계 형성은 자신의 정체성에도 중요한 영향을 미친다. 기존 돌봄 제품들의 대부분은 사랑하는 사람들을 돌보는 데 드는 수고로움을 덜어준다는 점을 마케팅 포인트로 내세웠다. 하지만 앞선 사례에서 봤듯이, 그 포인트는 소비자에게 감정적 비용을 지불하게 하는 문제가 있다. 최근 돌봄 제품과 서비스를 사용할 때 소비자들이 왜 불편한 감정을 느끼는지, 그 감정이 어떤 경우에 더 심해지는지를 두고 여러 연구들이 이어지는 이유도 여기에 있다.

심리적 불편감을 해소해준다는 것

2022년 〈소비자 연구 저널〉에 텍사스 A&M대학교, 노스웨스턴대학교, 하버드대학교, 워싱턴대학교의 공동연구진이 진행한 흥미로운 연구가 소개되었다. 돌봄 제품의 사용이 소비자에게 어떤 영향을 미치는지, 그 심리적 메커니즘을 분석한 연구다. 연구진은 돌봄 제품을 사용할 때 소비자가 경험하는 두 가지 측면, 즉 '돌봄의 노력을 경감시키는 이득'과 '마땅히 해야 할 노력을 충분히 기울이지 못했다는 죄책감에 따른 비용'이 어떠한 방식으로 작용하는지 살펴보았다.

연구진은 500여 명의 참가자를 대상으로 두 가지 임의적인 실험 조건을 설정했다. 하나는 친밀한 관계의 사람을 돌볼 때 제품과 서비스의 도움을 받는 조건이었고, 다른 하나는 제품 및 서비스의 힘을 빌리지 않고 돌봄을 수행하는 조건이었다. 참가자들은 둘 중 하나의 상황에서 느낀 감정과 부양자로서의 자질을 평가하도록 요구받았다. 실험결과, 참석자들은 돌봄 제품과 서비스를 사용함으로써 상대에게 들이는 노력이 줄어들수록 스스로를 좋은 부양자라고 여기지 않았다. 그리고 돌봄 대상과 가까운 관계일수록, 돌봄이 물리적 행위보다 정서적 지지에 가까울수록, 제품이나 서비스를 통해 노력을 경감하는 일을 불편해했다. 흥미로운 점은 돌봄 제품이나 서비스를 사용하더라도 참가자들이 일부러 수고로움을 더하는 방식을 선택했다는 사실이다. 예컨대 할머니에게 드릴 카드는 글씨를 인쇄하지 않고 손으로 직접 쓴다거나, 배우자를 위해 도넛을 만들 때 혼합기를 쓰는 대신에 밀가루를 손수 섞는 식이었다.

여기에서 우리는 중요한 사실을 알 수 있다. 가까운 사람을 돌보는 일은 상대에게 정성 어린 마음을 표현하는 행위이기도 하다는 점이다. 따라서 돌봄 제품 및 서비스는 부양자의 물리적 노력을 경감시키는 것뿐만 아니라, 돌봄 상대에게 정서적 지지를 전하는 부분까지 고려할 필요가 있다. 돌봄 제품 및 서비스를 소개하고 홍보하는 과정에서 수고와 불편을 덜어준다고 강조하는 것만으로는 충분치 않다는 뜻이다. 그보다는 해당 제품과 서비스를 사용하는 사람이 돌봄 상대를 위해 얼마나 많은 노력을 기울이고 있는지 인지시키는 형태로 광고 마케팅을 진행해야 한다.

예컨대 스누 스마트침대를 광고로 만든다면 '스누를 사용하세요. 잠을 재우는 것이 더 쉬워집니다'보다는 '당신은 아기에게 포옹과 키스를, 스누는 좋은 잠을 줍니다' 같은 식으로 어필하는 편이 나을 수 있다. 이렇듯 제품이나 서비스의 기능적 가치보다는 사용자들의 심리적 반응과 감정을 고려해 접근하는 전략이 판매를 좌우할 때가 많다.

앞선 사례들은 소비자의 숨은 니즈를 해결하는 방향으로 마케팅 전략을 짜는 일이 얼마나 중요한지를 보여준다. 애써 훌륭한 제품과 서비스를 만들어두고는 소비자의 니즈를 잘못 읽어서 제품과 서비스의 가치를 훼손시켜서는 안 된다. 결국 마케팅은 고객의 마음을 읽어내는 게임이다. 소비자가 되어보고 소비자를 구체적으로 그려보는 과정이 마케팅의 핵심인 이유다. 문제는 스티브 잡스의 말처럼 소비자 대다수가 자신의 욕구를 설명하지 못하는 경우가 많다는 데 있다. 이에 오늘날 많은 기업들이 AI기술을 활용해 그 알 수 없는 욕구를 찾아내려는 시도를 이어가고 있다. AI기술로 핵심고객층의 페르소나를 설정하거나, 이를 심층 분석하기 위해서 디지털 트윈 소비자 모델링 같은 기술을 적극 도입하기도 한다.

당신 고객의 페르소나는 누구인가?

페르소나는 마케팅과 제품 디자인 분야에서 고객 데이터를 기반으로 만들어낸 가상의 모델로, 특정 소비자층의 욕구·행동·태도·목표 등을 대표하는 구체적인 인물상이다. 단순한 인구 통계적 세그먼트(Segment: 비슷한 특성, 니즈 또는 행동을 공유하는 소비자 그룹)를 넘어서 실제 사람처럼 이름, 나이, 직업, 일상 습관, 구매 경로, 브랜드에 대한 태도 등을 포함하여 설계된다. 우리가 알고 있는 브랜드들 대부분은 핵심고객층의 페르소나를 정교하게 설정하고, 이들의 니즈를 끊임없이 파악하고자 노력해왔다.

고객 페르소나에 큰 공을 들인 예로는 에어비앤비가 대표적이다. 사업 초기에 에어비앤비는 호텔 브랜드와 겨루기 위해 핵심 고객을 단순한 '숙소 예약자'가 아니라 '일상의 설계자'로 정의했다. 그리고 서로 다른 욕망을 지닌 주요 고객들의 페르소나를 정교하게 그리는 데 집중했다.

에어비앤비는 주요 소비층 중에서 한곳에 장기 체류하면서 원격근무를 하는 사람들을 '디지털 유목민'이라는 페르소나로 명명했고, 이들의 니즈를 정교하게 분석하여 '어디서든 일하며 살기'라는 특별 프로젝트를 추진했다. 그 밖에도 '가족 중심 여행자'로 명명한 고객군에는 가족 단위 여행에 적당한 숙소 선택지와 서비스를, '도시 탐험가'로 명명한 고객군에는 현지 문화를 체험할 수 있는 다채로운 프로그램을 제공했다.

일련의 페르소나를 설정하는 과정에서 에어비앤비는 빅데이터 분석을 통해 고객 페르소나를 발굴하고, 이를 AI 맞춤형 추천 시스템에 연동시켰다. 검색패턴, 선호하는 예약기간과 숙소 유형 등에서 유사점을 보이는 고객을 군집화하는 클러스터링 접근법을 택했는데, 데이터의 정밀도를 높이는 측면에서 특정 유형의 이용자들을 직접 인터뷰하고 선호도를 파악해 프로파일링하는 정성적 접근법도 사용했다.

핵심타깃 페르소나를 완성한 다음에는 각 페르소나에 해당하

에어비앤비의 고객 페르소나 예시

페르소나 유형	주요 특성	니즈 및 행동
도시 탐험가	20~30대 밀레니얼, 혼자 또는 친구와 여행, 도시 문화에 관심이 많음	현지인처럼 살기를 희망, 호텔보다 로컬 공간 선호, 트렌디한 장소를 SNS에 공유
가족 중심 여행자	30~50대 자녀 동반 여행객, 안정성과 실용성 중시	넓은 공간, 주방 및 세탁기 같은 가족 친화적 시설 선호, 지역사회 정보 필요
디지털 유목민	재택근무자, 프리랜서, 장기체류를 선호함	빠른 통신망, 조용한 작업 공간, 지역 커뮤니티 접근성 중요시

는 이용자에게 서로 다른 형태의 서비스를 무작위로 보여주고 반응을 분석했다. 이른바 A/B테스트(마케팅 조사에서 두 가지 이상의 변수를 노출 및 비교하여 더 효과적인 안을 판단하는 실험방법)에 기반한 경험 설계방식인 셈이다. 예컨대 '도시 탐험가' 페르소나에 속한 고객들에게 '가족용 숙소 추천 리스트'와 '트렌디한 숙소 추천 리스트'를 보여주고, 둘 중 어느 곳에 더 긍정적인 반응을 보이는지를 데이터로 분류했다. 그리고 정교화한 페르소나 유형에 따라 AI가 이용자의 니즈에 맞는 숙소 유형과 체험, 호스트 가이드를 자동 추천하는 형태로 고객 서비스를 제공했다.

정성적인 방식과 정량적인 방식으로 고객 데이터를 분석하여 페르소나를 구체화하고 AI기술을 통해 페르소나별 맞춤형 서비스를 제공하는 이 전략은, 에어비앤비가 단기 임대 플랫폼을 넘어 여행 및 라이프스타일 플랫폼으로 성장하는 핵심기반이 되었다.

'위기'를 '기회'로 바꾸는 간단한 방법

에어비앤비는 고객의 숨겨진 니즈를 발굴하고, 이를 기반으로 사용자경험을 향상시키고 운영 효율성을 극대화하기 위해 AI를 사업 초기에 도입한 대표적인 기업 중 하나다. 그들은 페르소나별 차별화된 콘텐츠 제공뿐만 아니라, 검색기능 고도화, 가격 전략 개선까지 다양한 영역에서 AI기술을 통합함으로써 여행경험의 혁신을 가져왔다.

에어비앤비는 머신러닝 알고리즘을 통해 사용자의 여행 날짜, 선호도 등 다양한 요인을 고려하여 그들의 플랫폼 내에서 더 정교하게 맞춤화된 숙소 검색결과를 제공한다. 사용자가 클릭하거나 관심을 보인 숙소의 위치, 선호하는 호스트 스타일 등의 데이터를 학습하여, 실제 예약 가능성이 높은 숙소를 우선적으로 보여주는 것이다. 가격 책정방식도 AI를 기반으로 한다. AI 기반 가격 책정시스템은 소비자들의 수요, 숙소가 위치한 지역적 특성, 계절성, 지역에서 발생하는 흥미로운 이벤트 숫자들, 경쟁 숙소 가격 변화 등 다양한 데이터를 종합 분석하여 사용자가 접속한 시점에서 최적의 가격을 제안한다. 이 시스템은 수익 극대화를 위한 전략으로, 예약률을 높이고 호스트 수익을 향상시키는데 기여한다.

운영의 효율성에 더해 무엇보다 AI 활용이 돋보이는 지점이 있다. AI 기반 고객 분석을 통해 빠르게 변화하는 시장환경에 맞춰서, 더 향상된 여행 고객경험을 창조적으로 개발하고 서비스를 끊임없이 업데이트하고 있다는 점이다. 무섭게 성장하던 세계 최고의 숙박 공유업체인 에어비앤비는 코로나19로 인한 실적 감소로, 전체 직원 중 약 25퍼센트를 해고하고 임원 급여를 삭감하는 등 생존을 위한 과감한 구조조정을 단행하며 혹독한 시기를 견뎠다. 사실상 팬데믹이 종식된 2023년 1분기에 에어비앤비는 1억 1700만 달러의 순이익을 기록하며, 전년 동기 1900만 달러의 순손실에서 벗어나 흑자 전환에 성공했다. 에어비앤비의 이러한 회복에는 뼈를 깎는 비용 절감 노력도 큰 역할을 했지만, AI기술을 적극적으로 활용해 변화된 여행 트렌드를 읽어내고 새로운 고객 유형들을 파악하여 빠르게 대응했던 전략이 주효했다.

에어비앤비는 2021년 3분기 주주 서한에서 코로나19의 발발로 사람들이 여행하는 방식 자체가 완전히 새로운 방향으로 변화해가고 있다고 발표했다. 우선 재택근무가 확산됨에 따라 장기 여행에 대한 수요가 폭발적으로 증가했다. 줌(ZOOM)과 같은 비대면방식의 근무를 돕는 디지털기기들이 발달하면서, 직장에 꼭 출근하지 않아도 되는 근무환경이 가능해졌다. 특히 젊은 디지털 네이티브들의 재택근무 선호도가 높아졌다. 이런 환경에서 워케이션처럼 근로자가 여행지에서 장기간 머물며 일상적인 업무를 수행하는, 하이브리드 근무 형태가 폭발적으로 성장하기 시작했다. 긴 호흡의 여행이 가능해지면서, 유명 관광지들을 중심으로 짧게 여행하는 형태에서 벗어나 자신만의 방식으로 다양한 경험들을 하는 트렌드가 생겨났다.

이러한 여행 트렌드에 빠르게 대응하기 위해서 에어비앤비는 예약 플랫폼에 'I'm Flexible'이라는 새로운 기능을 도입했다. 재택근무가 늘어나면서 유연하게 여행기간을 선정할 수 있는 소비자나, 유명 관광지가 아닌 자신의 거주지역 인근의 다양하고 독특한 숙소에서 머물고자 하는 소비자를 겨냥한 서비스다. 에어비앤비 플랫폼에 접속한 사용자가 'I'm Flexible'이란 옵션을 선택하고 여행 장소와 일정을 유동적으로 설정하면, 에어비앤비

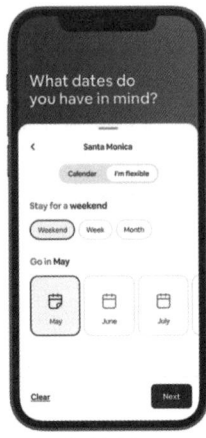  

Flexible Dates   Flexible Matching   Flexible Destinations

에어비앤비의 'I'm Flexible' 기능

에어비앤비는 그들의 AI기술로 사용자에게 여행 대안들을 제안해주
었다. AI기술을 적극적으로 활용하여 그들의 플랫폼 안에서 새로운
핵심타깃 여행자 페르소나를 발견하고 확인했다. 또 이에 맞는 서비스
를 매칭시키며 위기를 기회로 만들어냈다.

는 그들의 AI기술로 사용자에게 여행 대안들을 제안해주었다. 이러한 AI 기반 여행 제안방식은 기존의 관광지 중심의 접근과는 전혀 다른 혁신적인 방식이라 하겠다. 이처럼 에어비앤비는 AI기술을 적극적으로 활용하여 그들의 플랫폼 안에서 새로운 핵심타깃 여행자 페르소나를 발견하고 확인했다. 또 이에 맞는 서비스를 매칭시키며 위기를 기회로 만들어냈다.

고객 프로파일링의 고도화, 에어비앤비

새로운 고객 유형의 발굴 외에도 AI는 발생 가능한 문제를 사전에 방지하는 목적으로도 활용되고 있다. 에어비앤비는 자기 집을 단기 임대로 돌려 수익을 얻고자 하는 사람들이 호스트로 활동하는 특징을 가지고 있다. 호텔이 중앙통제 시스템에 따라 발생 가능한 문제들에 빠르게 대응할 수 있는 것과 달리, 에어비앤비는 개성 넘치는 수많은 호스트들과 게스트들을 원격으로 관리해야 한다.

따라서 정교하게 고객을 프로파일링해서, 발생할 수 있는 위험을 사전에 탐지하고 불미스러운 사고를 막는 것이 에어비앤비 입장에서는 아주 중요하다. 에어비앤비는 발생 가능 위험을 관리하는 데에도 AI알고리즘을 적극적으로 활용한다. AI는 사용자들의 성향(성실성, 개방성, 자기애, 권모술수적 성향, 반사회성 등)을 평가하며, 사용자들의 소셜미디어를 기반으로 허위 계정을 파악하거나, 해당 사용자가 일으킬 수 있는 위험 신호를 사전에 탐지하기도 한다. 소셜미디어에 반복적으로 혐오발언을 남기거나, 문제가 될 만한 내용이 담긴 링크들을 반복적으로 공유하거나, 약물 또는 음주 사진이 지속적으로 올라온 계정은 제재 대상이 된다.

이처럼 에어비앤비의 Trust&Safety팀은 AI를 활용해 사기 예약, 규정 위반, 부정 행위, 파티 위험(Party Risk: 특정 예약이 불법 파티나 소란스러운 모임으로 이어질 가능성)을 실시간 감지한다. AI시스템은 사용자의 나이, 체류기간, 예약시간, 숙소 위치 등을 종합 평가해 '파티 위험점수'를 산출하고, 위험도가 높은 경우 예약을 자동으로 차단하기도 한다. 최근 에어비앤비는 대규모언어모델(LLM)을 도입해 파티 사건 및 사기 가능성을 더 정밀하게 분석하고 있다.

에어비앤비의 자체 발표에 따르면, AI 기반 고객 프로파일링에 따른 위험 사전 감지시스템은 호주에서 처음 시범 운영돼 문제가 될 수 있는 파티 발생률을 35퍼센트 줄였고, 이후 전 세계로 확장되어 32만 건 이상의 위험 예약을 차단했다고 한다. 그렇다고 에어비앤비가 AI에게 모든 것을 맡기지는 않는다. AI가 판단하기에 모호한 사례들이 감지될 경우, 인간 전문가에게 검토가 맡겨진다. 이러한 노력으로 2020년 8월부터 2022년 8월까지 문제가 될 수 있는 파티의 발생률이 55퍼센트 감소했다.

에어비앤비는 2023년 11월 AI 스타트업 게임플래너닷AI(GamePlanner.AI)를 인수했다. 게임플래너닷AI는 시리(Siri)의 공동창립자 아담 체이어와 자연어처리 전문가 시아막 호자트가 설립한 AI 스타트업이다. 에어비앤비는 게임플래너닷AI의 기술을 활용하여, AI 기반의 개인화된 여행 컨시어지 서비스를 개발하는 것을 목표로 하고 있다. 힐튼과 같은 전통적인 호텔들은 20~30년 동안 한 호텔에서 고객들을 상대하며, 풍부한 경험을 가진 직원들이 안정적으로 수준 높은 대면 호텔경험을 전달하는데에 강점을 갖고 있다. 어쩌면 이 부분은 에어비앤비가 전통적인 호텔을 넘어설 수 없는 영역이라 할 수 있다.

하지만 에어비앤비는 AI를 통해서 현재 접속 중인 개인들을 빠르게 파악하고 플랫폼 안에서의 행동패턴을 분석함으로써 각고객의 프로파일을 정교화한다. 그리고 이들이 좋아하는 숙소유형이나 가격 범위를 찾아내어 최고의 개인화된 컨시어지 서비스를 제공하는 것이 그들의 경쟁력이 될 수 있음을 알고 있다. 에어비앤비 사례처럼, 앞으로 많은 기업들이 고객들의 페르소나를 설정할 것이다. 그리고 이를 토대로 고객들의 행동들을 분석하고 유형화시켜, 각 고객 유형에 맞는 서비스를 제공하는 여러 AI 시스템을 만들어나갈 것이다.

'고객의 디지털 트윈'과 '습관 예측'

에어비앤비는 AI기술을 활용해 실제 고객들이 살아 숨쉬는 시장의 변화를 읽어냈다. 또 그들의 플랫폼 안에서 고객들이 취하는 행동으로부터 핵심고객들을 대표하는 페르소나를 설계하여, 맞춤형 형태의 고객경험을 전달했다. 여기서 나아가 최근에는 AI를 기반으로 가상의 페르소나를 만들어내고, 이로부터 제품과 서비스를 향상시키는 아이디어가 적용되는 사례들도 늘어나고 있다. 이를 '고객의 디지털 트윈(a Digital Twin of a Customer, DToC)'이라 한다. DToC란 실제 고객의 과거 구매 이력, 검색패턴, 소셜미디어 활동 형태, 인구 통계학적인 정보 등 다양한 데이터를 통합해 디지털상에 존재하는 고객의 '가상 복제본'을 만들어내는 기술이다. 이 기술적 진화는 고객을 시뮬레이션 가능한 디지털 존재로 다루며, 데이터를 종합 분석해 해당 고객을 디지털공간에 재현한다. 이로써 예측 가능한 마케팅 시나리오를 여러 방식으로 테스트할 수 있도록 해준다.

대표적인 시도가 7000개의 가상 소비자 페르소나를 생성하고, 이를 통해 소비자들의 숨겨진 니즈를 탐색하는 프로젝트를 진행한 하쿠호도(Hakuhodo)의 AI 프로젝트다. 하쿠호도는 1895년에 설립된 일본의 대표적인 종합 광고 및 마케팅 커뮤니케이션 기업이다. 전 세계 20개국에 약 150개의 오피스를 운영하며 1만 명 이상의 전문가들이 활동하고 있다.

여느 광고·마케팅회사와 달리 하쿠호도는 독특한 철학을 가지고 있는데, 그들의 마케팅 철학은 '생활자발상(生活者発想, Sei-katsu-sha Insight)'으로 설명될 수 있다. 이는 소비자를 단순 구매자가 아닌 감정과 가치관, 삶의 맥락을 지닌 '생활자'로 바라보는 관점을 의미한다. 이러한 철학은 하쿠호도의 전략 수립, 브랜드 구축, 캠페인 실행 전반에 걸쳐 핵심적인 역할을 한다.

예를 들어 2017년 하쿠호도는 사내 프로젝트로 '히트 습관 메이커즈(Hit Habit Makers)'를 출범시켰다. 단순히 히트상품을 발굴하는 것이 아니었다. 소비자들의 행동 변화와 사회적 트렌드를 집중 분석하여, 새로운 소비습관을 예측하는 데 초점을 맞춘 프로젝트였다. 이 프로젝트에서 가장 중요하게 본 지점은 '습관 예측'이다. 환경 변화에 따른 소비자들의 행동 변화를 발견하고, 새롭게 만들어지는 습관들의 조짐을 사전에 예측하며, 이를 기반으로 한 제품 개발과 마케팅전략의 수립이 '습관 예측'의 핵심이다. 주요한 습관 예측결과는 자사 웹매거진 '히트 습관 예보'를 통해서 클라이언트들에게도 정기적으로 전달되었다. 즉 '히트 습관 메이커즈'는 다양한 각도로 소비자들을 들여다보는 하쿠호도의 '생활자발상' 철학이 잘 드러난 프로젝트라 하겠다.

　최근 하쿠호도는 디지털 전환기를 맞이하여 AI기술을 활용한 소비자 인사이트 발굴에 주력하고 있다. 일례로 생활자를 깊이 이해하기 위한 생성형AI 기반의 서비스 프로토타입을 개발해서 활발하게 사용 중이다. 생성형AI를 업무 효율화 수단이 아니라 더 깊은 수준의 고객 이해를 위한 '상상력'의 확장 도구로 삼은 것이다. 즉 생활자(소비자)를 깊이 이해할 수 있는 새로운 수단으로 AI를 활용하는 것이 핵심이다.

누구에게도 말하지 못한 진심을 포착한다는 것

하쿠호도는 매년 자사의 대규모 생활자 조사 데이터베이스인 '해빗(HABIT)'과 생성형AI기술을 접목하여, 총 7000가지 유형의 버추얼 생활자(Virtual Seikatsu-sha)를 생성한다. 해빗 데이터

하쿠호도의 홈페이지

•

하쿠호도의 마케팅 철학은 '생활자발상'으로 설명될 수 있다. 이는 소비자를 단순 구매자가 아닌 감정과 가치관, 삶의 맥락을 지닌 '생활자'로 바라보는 관점을 의미한다.

에는 생활자의 기본 프로필, 가치관 및 의식, 라이프스타일, 소비 행태, 미디어 이용, 브랜드 평가 등의 정보가 포함되어 있다. 하쿠호도는 이 데이터를 생성형AI에 학습시켜 7000가지 생활자 유형을 정밀하게 재현한다.

마케팅 조사회사들이 온라인에서 설문지를 고객에게 전달하거나, 고객에게 직접 전화를 걸거나, 고객과의 대면을 통해 숨겨진 니즈를 발굴하는 것이 전통적인 고객이해의 조사방식이었다. 문제는 이러한 방식으로는 소비자들이 진정한 속마음(본심)을 털어놓을 가능성이 낮다는 데 있다. 특히 초면에는 조사원들이 짧은 시간 안에 고객의 진심을 끌어내기 어려울 수 있다. 하쿠호도는 AI와의 대화에는 이러한 장벽이 존재하지 않는다는 데 주목했다. 이에 생성형AI를 통해 다양한 유형의 '버추얼 생활자'를 만들어냈다. 특정 가치관, 선입견, 사회적 관계, 상황 등에 영향을 받지 않고 소비자의 마음속 깊은 곳에 있는 의견과 숨겨진 니즈를 자연스럽게 끌어내기 위해 서비스를 개발한 것이다.

사용자는 하쿠호도가 정교하게 만든 가상의 생활자들과 대화를 반복하며 특정 상품이나 브랜드에 대한 반응, 인간관계에서의 고민 등 여러 주제에 대해 자연스럽게 의견을 나눈다. 하쿠호도는 이러한 상호작용에서 발생하는 데이터들을 분석하여, 마케팅 및 상품 개발뿐 아니라 조직문화 설계, 아이데이션, 워크숍 운영 등 다양한 분야에 실질적으로 활용하고 있다. 하쿠호도가 사내에서 파일럿 형태로 진행 중인 이 서비스는, 개선작업을 거쳐 향후 외부 기업이나 파트너를 대상으로 진행될 예정이다. 현재는 고객이 가상의 생활자와 텍스트 형태의 메시지를 주고받으며 인사이트를 얻는, 메시지 기반 UI가 주를 이룬다. 그러나 추후에는 여러 가상 생활자가 서로 이야기하는 모습을 실제 인간 고객이 관찰하고, 사용자들의 느낌을 뽑아내는 대화형 UI 기반의 고객 니즈 분석도 계획 중이다.

기술이 더 발전하면 가상 생활자와 인간 고객의 교류를 통해 얻은 인사이트를 기반으로 핵심고객 페르소나 정립, 고객여정(customer journey) 설계 등이 정교하게 이루어질 것이다. 즉 앞으로는 사람에게 말하지 못하는 진심을 AI와의 교류를 통해서 자연스럽게 드러내고, 기업은 이를 분석하여 마케팅전략에 반영하는 세상이 펼쳐질 것이다.

가상의 소비자 vs 현실의 소비자

AI를 활용하여 가상의 소비자 페르소나를 생성하고, 이를 제품 평가 및 마케팅전략 수립에 활용하는 기업들이 전 세계적으로 증가하고 있다. 델브AI(Delve AI)와 같은 회사는 특정 브랜드가 운영하는 웹사이트 방문자 데이터들과 해당 회사가 보유하고 있는 고객관계관리(Customer Relationship Management, CRM) 데이터 정보, 핵심타깃의 소셜미디어 활동 등을 분석하여, 가상의 핵심타깃 소비자 페르소나를 생성해준다. 그럼 해당 브랜드는 이 가상의 소비자를 실제 소비자처럼 디지털환경에서 시뮬레이션하여, 새롭게 론칭할 제품들이나 광고를 보여주고 피드백을 수집하는 등 여러모로 활용한다.

과거 디지털 트윈 기술은 주로 산업현장의 장비나 도시 인프라를 가상으로 복제해 관리하던 형태로 사용되었다. 이제는 마케팅 분야에서 '소비자의 디지털 복제본'을 의미하는 방식으로 확장되고 있다. 델브AI와 같은 AI 마케팅 조사기업들은 다양한 경로에서 수집한 정보를 바탕으로, 현실 소비자의 행동을 정밀하게 모방한 가상의 소비자 페르소나―디지털 트윈―를 생성해줄 것이다. 이제 마케터는 이 트윈과 실제 대화를 나누듯 상호작용하며 광고 콘텐츠 반응, 제품 호감도, 구매 가능성 등을 테스트할 수 있다. 이렇게 실제 고객 인터뷰를 대체하거나 보완하는 방식으로 시장 인사이트를 획득할 수 있는 시대가 열렸다.

예를 들어 헬스 푸드기업 그린십(GreenSip)이 '슈퍼푸드 기반 식사 대용 음료'를 출시할 계획이라고 해보자. 본격적인 광고캠페인을 시작하기 전, 델브AI 기반 디지털 트윈 소비자를 통해 가상의 반응을 시뮬레이션하여, 시장 타당성을 검토한다고 가정해보는 것이다. 이제는 핵심타깃의 소재를 파악하고 복잡한 과정을 거쳐서 설문지를 보내거나 대면하는 방식 대신, 디지털 트윈 고객 페르소나를 만들어내고 기업이 확인하고자 하는 광고 자극물이나 가격 범위 등의 정보들에 대한 반응을 테스트해볼 수 있다.

가트너 리포트(Gartner Report)가 2022년 10월에 발표한 자료에 따르면, 디지털 트윈 방식으로 가상 고객 페르소나로부터 데이터를 수집하고 판매 메시지, 판매 프로세스, 마케팅캠페인에 대한 테스트를 수행하는 방식이 늘고 있다. 이를 통해, 해당 고객에게 무엇이 효과적이고 무엇이 효과적이지 않은지를 예측하는 활동들이 급격하게 발전하고 있는 것이다. 이 보고는 디지털 트윈을 구현하는 소프트웨어와 서비스의 시장 규모가 2022년 90억 달러에서 2030년 1500억 달러로, 10년이 안 되는 기간 동안 약 15배 이상 성장할 것으로 예상했다.

디지털 트윈 소비자 시뮬레이션 예시

항목	시뮬레이션 내용
목표	20~40대 여성 소비자 타깃. '직장인 여성을 위한 아침 대용 식품' 포지셔닝이 효과적인지 검증
디지털 트윈 페르소나	• 직장인 미혼 여성, 아침 식사 대체 니즈가 높음 • 웰빙 중심 소비자, 성분/칼로리 강조에 민감 • 가성비 중심 소비자, 가격대가 가장 중요한 요소
실험요소	광고 문구 A vs B, 제품 패키지 디자인 2종, 가격 3가지 (3200원 / 3800원 / 4500원)
시뮬레이션 방식	디지털 트윈과의 대화 인터페이스에서 제품 소개 → 반응 분석 및 질문 유도 (예: '이 패키지를 보면 어떤 인상이 드시나요?', '이 가격이라면 구매하실 의향이 있으신가요?')
반응 예시	• '바쁜 아침엔 유용할 것 같아요. 근데 '슈퍼푸드'가 너무 과장처럼 느껴져요.' • '가격이 4000원 넘으면 그냥 바나나 먹을래요.' • '패키지 색이 너무 '다이어트식' 느낌이라 매력적이진 않아요.' **결과 해석** – 광고 문구는 A안보다 B안('출근길 단백질 한잔')에 더 긍정 반응 – 가격 민감도 높음 → 3800원 이상은 거부 반응 – 패키지의 경우 여성 고객에게는 감성적 접근이 필요

메타 페르소나, 표 형식 페르소나, 서술형 페르소나

LLM 기반 AI모델을 토대로 한 시뮬레이션의 발전은 실제 인구 집단의 행동을 대규모로 모사할 수 있는 합성 에이전트(synthetic agent: 가상의 사람)의 생성을 가능하게 했다. 이는 사회과학, 정치학, 경제학, 마케팅 리서치, 임상심리학, 엔터테인먼트뿐 아니라 추천 시스템이나 웹테스팅 같은 비즈니스 응용 분야까지 폭넓게 변혁시킬 잠재력을 지닌다. 그리고 그 중심에는 AI가 생성한 가상 페르소나의 활용이 있다. AI가 만들어내는 가상 고객 페르소나는 크게 세 가지 범주로 나눌 수 있다.

첫째, '메타 페르소나(Meta Persona)' 이다.

이는 가장 기본적이고 구조화된 형태로, 인구조사(census)와 같은 공신력 있는 데이터세트의 인구 통계학적 분포를 반영해 생성된다. 성별, 연령, 지역, 직업 등 누구나 객관적으로 확인할 수 있는 인구학적 요소를 바탕으로 만들어지기에 대표성 측면에서 높은 신뢰를 갖는다. 그러나 다차원적 속성, 예를 들어 개인의 가치관, 태도, 라이프스타일 같은 정성적 특성은 포괄하지 못한다는 한계가 있다.

둘째, '표 형식 페르소나(Tabular Persona)'이다.

이는 메타 페르소나를 한 단계 확장한 개념으로, LLM을 활용하여 보다 세부적이고 다양한 속성을 추가한다. 소득, 교육수준, 직업과 같은 객관적 속성(Objective Attributes)을 더할 수도 있고 정치적 성향, 여가 취향, 가치관과 같은 주관적 속성(Subjective Attributes)까지 포함할 수 있다. 표 형식 페르소나는 숫자와 속성 값으로 정리된 데이터 형태로 존재하기 때문에, 분석과 비교에 용이하며 마케팅 조사나 시뮬레이션에 적합하다.

셋째, '서술형 페르소나(Descriptive Persona)'이다.

이는 LLM이 자연어처리 능력을 활용하여 자유롭게 서술형으로 생성하는 페르소나다. '30대 초반의 싱글 직장인 여성으로, 건강과 웰빙을 중시하며 요가와 친환경 소비에 관심이 많은 성향을 지닌 인물'과 같은 형태로 풍부하고 생생한 묘사를 제공한다. 서술형 페르소나는 가장 유연하고 구체적인 시뮬레이션을 가능하게 하지만, 현실성 검증이 어렵고 특정 편향을 강화할 위험이 있다.

결국 이 세 가지 유형은 각각의 강점과 한계를 지니며, 마케터와 연구자는 필요에 따라 적절히 조합해 활용할 수 있다. 메타 페르소나는 객관적 대표성을 제공하고, 표 형식 페르소나는 분석적 활용도를 높이며, 서술형 페르소나는 창의적 스토리텔링과 시뮬레이션의 생동감을 극대화한다. AI 기반 페르소나의 전략적 활용은 이 세 가지 유형을 어떻게 설계하고, 균형 있게 결합하느냐에 달려 있다고 할 수 있다.

AI가 만들어낸 가상 고객 페르소나는 제품 테스트, 마케팅 메시지 검증, 광고캠페인 반응 예측 등 다양한 영역에서 활용될 수 있다. 예를 들어 '25세 뉴욕 거주 아시아계 남성, 데이터 분석가, 진보적 정치 성향, 스트리밍 서비스에 관심 있음'과 같은 페르소나를 수천 명 단위로 생성해 특정 제품 메시지에 대한 반응을 시뮬레이션할 수 있다. 이제는 실제 소비자 데이터를 직접 확보하지 않고도, LLM 기반 AI모델을 통해 특정 특성을 가진 고객 페르소나를 대량·저비용으로 생성할 수 있는 시대가 열렸다.

AI 페르소나의 장점

마케팅에서 고객 페르소나는 핵심고객을 이해하는 주요 도구로 사용되어왔다. 해당 페르소나는 특정한 시점에(보통 외부 컨설팅회사에 의뢰한 시점) 큰돈을 들여서 정교하게 설계되어 각 회사 사무

실 벽에 붙어 있거나, 중요한 프레젠테이션 자료에 등장했다. 하지만 문제는 해당 정보가 살아 숨쉬는 현장의 고객들을 그대로 반영하지 못한 채, 대부분 모호한 인사이트를 던지며 서서히 사라져갔다는 데 있다.

앞으로 AI를 활용한 고객 페르소나는 이 문제를 급진적으로 변화시켜나갈 것이다. AI가 만들어내는 고객 페르소나는 과거 사용되던 정적이고 형식적인 페르소나와는 다르다. 실시간 대화가 가능하고 피드백을 제공하며 질문에 반응하는, 동적이고 상호작용이 가능한 페르소나가 될 것이다.

또한 AI가 만들어낸 페르소나는 다양한 고객 관련 정보들—인구 통계적 데이터, 복잡한 고객 심리적 정보, 행동 패턴, 언어적·문화적 특성—을 결합하여 타깃 소비자를 매우 사실적으로 구현해낼 것이다. 그리고 AI는 도출된 고객 세그먼트를 살아 숨쉬는 인격체처럼 '구현'해낼 것이다. 정확하게 구축된 AI 페르소나는 기존 리서치 방식으로는 포착하기 어려운, 고객의 세부적인 감정의 결이나 미묘한 행태 차이를 식별해낼 것이다. 이는 전통적인 마케팅 조사방식 중 하나인, 대면 포커스 그룹 회의록 깊숙이 묻혀 있거나 아예 드러나지도 않았을 결정적 인사이트의 단서를 구체적으로 드러낼 것이다.

살아 숨쉬는 동적인 고객 페르소나를 가진다는 장점 외에 AI

페르소나의 가장 큰 장점은 높은 효율성에 있다. 전통적인 방식으로 사용되던 포커스 그룹, 심층 인터뷰, 설문조사 등은 복잡한 과정을 요구한다. 대면이든 비대면이든 참여자 모집, 일정 조율, 조사 실행, 데이터 분석에 이르기까지 막대한 시간과 비용이 소요된다. 조사하고자 하는 모집단의 크기에 따라서, 이 고객 리서치 프로세스는 몇 주에서 몇 개월까지 이어질 수 있다.

AI가 만든 가상 고객 페르소나는 언제든지 기업이 원할 때 즉시 호출할 수 있으며 까다롭게 굴지도 않는다. 새로운 제품 아이디어에 대한 빠른 피드백이 필요할 때, 캠페인 메시지를 확정하기 전에 다양한 버전별 고객 반응을 비교하고 싶을 때, 세그먼트별로 새로운 패키지 디자인에 어떻게 반응할지 궁금할 때, AI가 만든 페르소나는 즉각적으로 응답하고 결괏값을 단 몇 분 만에 만들어줄 수 있다. 중요한 것은 더 까다로운 반복 실험, 더 다양한 시도, 더 세밀한 개선도 가능해진다는 점이다.

문제는 '신뢰성'이다

문제는 신뢰성에 있다. 초기 AI가 만든 페르소나에 대한 기업들의 우려 섞인 반응은 '정말 AI가 만든 가상 소비자가 실제 소비자처럼 반응할 수 있을까?'였다. 이러한 의구심은 빠르게 해소되고 있다. 축적된 연구결과들은, 정확하게 구축된 AI가 만든 고객 페르소나가 실제 소비자와 유사한 반응을 보인다는 사실을 증명해주었다.

2024년 인간-컴퓨터 상호작용(HCI) 학술대회에 발표된 핀란드 바사대학교의 공동연구는 LLM을 사용하는 GPT-4 프로그램에서 프롬프트를 바탕으로 450개의 다양한 고객 페르소나를 생성한다. 그리고 LLM 생성 페르소나에서의 다양성과 편향성을 평가하기 위해, 다섯 명의 실제 인간 전문가들이 AI가 만든 페르소나를 정교하게 분석하고 평가한다.

전문가들은 특정 전문 분야의 주요 고객들을 대표하는 데 있어 AI에 의해 생성된 페르소나가 가진 정보가 풍부하고, 충분하게 신뢰할 수 있고, 공감도 할 수 있다고 평가했다. 물론 문제도 존재했다. 생성된 페르소나가 몇 가지 측면에서 여전히 우려할 만한 편향성을 보인 것이다. AI가 페르소나를 만드는 데 사용된 데이터에 전적으로 의존하기에 발생하는 문제라 하겠다. 편향된 데이터는 편향된 가상 페르소나를 낳고 이는 왜곡된 인사이트를 도출할 수 있다. AI가 페르소나를 생성하는 과정에서 다양성을 보장하는 데이터를 반영해야 하고, 편향 분석 기법을 통해서 반드시 검증을 받는 과정을 거쳐야 하며, 전문가를 활용해 외적 타당성을 확인할 필요가 있음을 보여준다.

이와 비슷하게 콜롬비아 연구팀이 2025년 〈컴퓨터 사이언스〉에 발표한 논문은 LLM이 만들어낸 가상 페르소나 시뮬레이션의 가능성과 한계를 동시에 지적했다. 연구진은 미국 대선 시뮬레이션이나 여론조사 데이터를 비교하는 실험을 진행했다. 이를 통해 LLM이 생성한 페르소나가 현실의 인간보다 훨씬 더 진보적 성향을 보였으며, 세부 묘사가 많아질수록 편향이 더 심해진다는 것을 밝혀냈다. 이런 이유로 LLM이 생성한 페르소나를 활용해 2024년 미국 대선결과를 시뮬레이션했을 때, 모든 주에서 민주당이 승리하는 것으로 잘못 예측된 사례가 나왔다. 한마디로 LLM이 고객 페르소나를 생성하는 방식에는 여전히 체계적 편향과 비일관성이 존재하는 것이다. 연구진은 이러한 편향성을 극복하기 위해서는 현실 인구 데이터와 현실 페르소나를 정량적으로 보정하는 작업이 필수적이라고 말한다.

이외에도 AI 전문가들은 일반적으로 AI가 만든 페르소나가 실제 인간 경험의 깊이를 포착하기 어렵다고 설명한다. 그래서 인간의 다양한 감정과 삶의 경험 같은 인간적 부분이 많이 반영되어야 하는 해석 측면에서 약점을 가지고 있다고 설명한다. 실재하는 사람들과 대면 인터뷰를 진행한다면, 인간 조사자는 순간순간 참여 고객들의 표정을 읽어내고 어투나 몸짓에서 감정적인 맥락을 포착하고 이를 조사결과에 반영할 수 있다. 하지만 AI 는 미묘한 인간적인 신호를 정확하게 해석하고 반응하는 데 어려움이 있다.

이처럼 AI가 만든 가상 페르소나는 놀라운 기능을 갖추고 있지만, 전통적 리서처를 완전히 대체하는 존재라기보다는 강력한 보완재로 이해하는 것이 적절하다. 특히 AI가 만들어낸 가상 페르소나의 활용은 기업이 초기 아이디어를 탐색하면서 다양한 피드백을 빠르게 얻고자 할 때 탁월한 역할을 할 수 있다. 이러한 기본적인 탐색 후 전통적인 고객 분석방식에 따라서 실제 전문 조사자가 방향성을 수정하고 보완해나가는 형태의 협업이 앞으로 이뤄질 것이다.

정리하자면 이렇다. 다양한 제품이나 서비스에 대한 반응 확인과 이를 기반으로 아이디어를 구상하는 단계에서는, 적극적으로 AI를 활용한 가상 페르소나를 사용한다. 이후 도출된 인사이트를 바탕으로 리서치 질문을 정교화하는 과정을 거친다. 그리고 질문을 통해서 얻고자 하는 인사이트에 대한 핵심가설은 인간 전문가를 활용해 실제 소비자 대상 리서치로 검증해나간다. 이후 필요하다면 반복 개선과 최적화는 다시 AI페르소나를 통해 신속하게 수행할 수 있다. 이러한 하이브리드 접근법은 AI페르소나가 가진 속도와 확장성을 활용하는 동시에, 반드시 필요한 인간 고유의 직관과 정서적 피드백의 가치를 함께 유지하면서 최적의 고객 이해를 뽑아낼 수 있을 것이다.

숨은 니즈를 뽑아내주는 AI 리서처의 등장

AI는 더 이상 단순히 데이터를 정리하는 기능적인 도구에 머무르지 않는다. 이제는 실제 고객의 행동 데이터를 실시간으로 분석하고, 그 속에 숨겨진 니즈를 감지해내는 24시간 쉬지 않고 일하는 '고객 리서처'로 진화하고 있다. AI는 단순하게 고객 리서치를 효율적으로 수행하는 측면을 넘어서서, 숨겨진 고객들을 읽어내는 데 탁월함을 보여줄 것이다. 살아 숨쉬는 고객이 직접 말하지 않아도 고객이 무엇을 클릭했는지, 고객이 어떠한 방식으로 스크롤을 사용했는지를 분석할 것이다. 또 고객의 과거 검색이력과 구매 이력 속에 담긴 신호를 포착해 고객의 의식 저편의 욕망까지 데이터화하고, 이를 기반으로 정교한 페르소나를 자동으로 구축해줄 것이다.

또한 실제 고객이 남긴 데이터가 충분하지 않거나, 까다로운 고객으로부터 진심 어린 이야기를 듣기 힘든 상황에서 AI 리서처는 더욱 탁월함을 발휘할 것이다. AI리서처는 가상의 소비자, 즉 디지털 트윈 소비자를 생성해내 실제 고객으로부터 나올 수 있는 인사이트와 유사한 결과물을 만들어줄 것이다. 실제 고객보다 더 실제 같은 가상의 핵심고객 페르소나를 만들어내고, 가상의 시장 안에서 그들이 특정 제품이나 서비스에 보여주는 반응을 정교하게 테스트할 것이다. 이처럼 AI는 이제 고객을 '대변'하는 존재를 창조하고, 그들을 통해 미리 시장 반응을 더 자유로운 방식으로 무한 반복해서 시뮬레이션할 수 있는 능력까지 갖추었다.

그리고 단순하게 고객의 페르소나를 만들어내는 것을 넘어서서, 이들 페르소나가 가진 숨겨진 니즈를 정확하게 읽어내고, 그에 따른 최적의 마케팅전략들도 내놓을 것이다. AI는 정교화된 페르소나의 특성에 맞춰 적합한 광고 이미지와 메시지를 선별해내줄 것이다. 끊임없이 A/B테스트를 반복하며 고객 반응을 최적화하고, 그 안에서 때로는 고객이 말해주지 않는 심리적 가격 저항선을 파악해 가격정책을 조율해줄 것이다. 때로는 브랜드가 만날 수 있는 사전 위험요소를 예측해, 문제를 예방하는 역할까지 수행해줄 것이다.

이제 고객을 이해하는 일은 더 이상 숙련된 인간 리서처의 직관과 경험만으로 이루어지지 않을 것이다. AI는 수천만 건의 데이터를 기반으로 고객의 마음을 체계적으로 읽고, 시장 전체의 흐름을 모델링하며 더 빠르고 정확한 시장감각을 갖춘 '분석가'로 기업의 전략 수립 전반을 돕게 될 것이다. 고객에 대한 통찰을 빠르고 깊게 획득하고자 하는 기업이라면, 이제는 질문할 대상을 바꾸어야 할지 모른다. 까다로운 '고객'이 아니라, 그 까다로운 고객을 너무나도 잘 이해하는 AI로 말이다. 질문의 대상을 바꾸는 것이, 바로 다음 시대의 마케팅이 시작되는 지점이 될지 모른다.

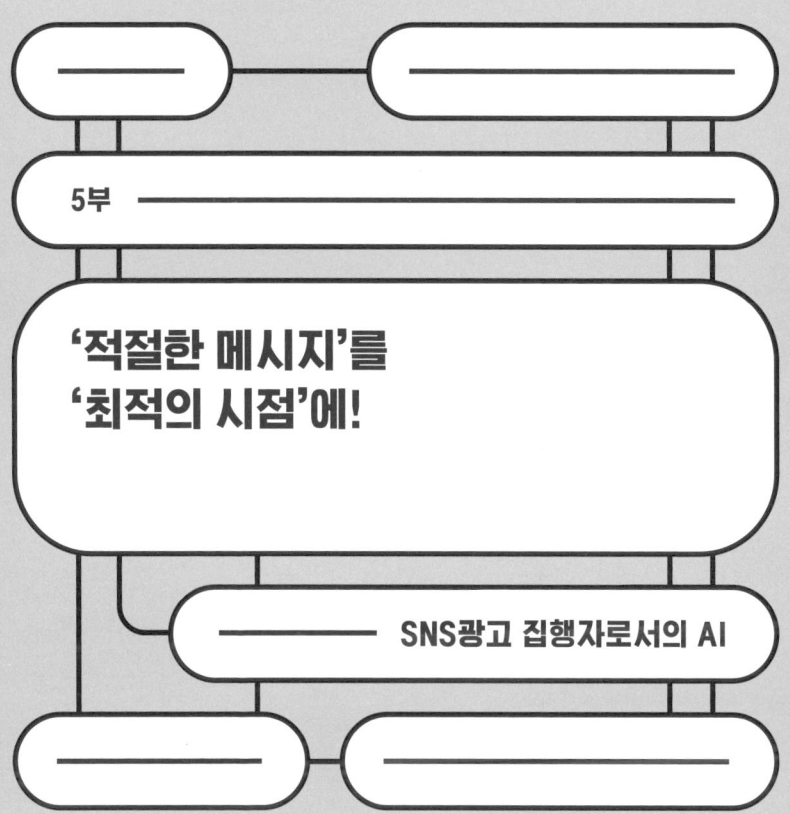

5부

'적절한 메시지'를
'최적의 시점'에!

SNS광고 집행자로서의 AI

메타의 다음 성장동력은?

AI기술을 통해 매력적인 스토리와 강력한 시각적 비주얼을 만들어내고 핵심타깃의 니즈를 분석했다면, 이제는 그 결과물을 가장 좋아할 만한 타깃에게 정확하게 전달하는 방법을 전략적으로 생각해야 한다. 이때도 역시 AI가 중요한 역할을 한다. AI기술은 기업이 광고물을 타깃에게 최적의 장소에서 최적의 타이밍에 전달하도록 길잡이 역할을 해나가고 있다. 5부에서는 다양한 광고들이 고객들에게 전달되는 소셜미디어 기반의 디지털채널에서 AI가 어떠한 방식으로 활용되고 있는지 살펴보자.

"메타가 AI 인재들의 블랙홀이 되어가고 있다." 2024년 이후 AI 연구자 영입에 수십억 달러의 자원을 쏟아붓고 있는 메타를 두고 나온 말이다. 다양한 언론들에 따르면, 메타는 최근 A급 AI 연구자들을 영입하기 위해 서명보너스(Signing Bonus) 최대 1억 달러, 총 4년간 최대 3억 달러 규모의 제안을 건네며 오픈AI, 딥마인드, 앤트로픽 등의 AI 연구자들을 대거 흡수하고 있다. 실제로 메타는 전직 애플 리드 엔지니어인 루오밍 팡에게 수백만 달러 이상의 패키지를 제안한 사실이 알려져 큰 화제를 모았다. 2025년 1분기 기준, 월간 활성 사용자(MAU) 50억 명 이상을 보유한 두 거대 소셜미디어 플랫폼인 페이스북과 인스타그램을 운영하고 있는 메타가 그들의 다음 성장동력을 AI에 두고 있음을 보여주는 대목이다.

많은 마케팅 전문가들은 2017년을 TV시대가 막을 내리고 소셜미디어를 중심으로 한 디지털채널의 시대가 열린 원년으로 본다. 미디어 리서치 투자회사 마그나(Magna)는 2017년 글로벌 디지털 광고시장의 규모가 약 2090억 달러로 전 세계 광고시장의 41퍼센트를 차지하면서, TV 광고시장의 1780억 달러(35퍼센트)를 넘어섰다고 발표했다. TV가 광고시장의 왕좌를 처음으로 디지털채널들에 내어준 것이다. 이후 디지털 광고시장은 더 빠르게 성장해나갔다. 2024년 스태티스타(Statista)의 데이터에 따르면, 디지털 광고시장은 TV 광고시장을 거의 세 배나 앞지르고 있다. 인스타그램, 틱톡, 유튜브와 같은 다양한 소셜미디어들이 어떠한 방향으로 AI를 포용하고, 마케팅전략의 툴로 발전시켜나가고 있는지 살펴봐야만 하는 이유다.

인스타그램, AI라는 날개를 달다

인스타그램은 전 세계 사람들이 자신의 일상과 감정을 이미지로 기록하고 공유하는 디지털 감성 다이어리로 자리잡았다. 최근 인스타그램은 AI를 기반으로 한 다양한 기술 도입으로, 새로운 감성 엔진을 탑재하는 중이다. 인스타그램의 마케팅전략은 AI로 인해서 여러 방향으로 고도화되고 있다.

그중 인스타그램이 가장 공들이고 있는 부문은 AI 추천 시스템의 고도화다. 메타는 인스타그램이 지속적으로 성장하기 위해서는 이용자들에게 그들이 좋아하는 콘텐츠를 지속적으로 노출시키는 것이 중요하다고 판단했다. 개인의 '네트워크 기반' 콘텐츠 소비에서 AI가 주도하는 'AI 추천 기반' 콘텐츠 소비로 시스템을 옮겨가는 시도를 하는 이유다.

이러한 전략의 변화를 보여주는 대표적인 사례는, 팔로우하지 않는 계정의 콘텐츠도 적극적으로 피드에 노출되는 형태로 추천 시스템이 변화한 점이다. 기존의 피드는 사용자가 팔로우한 사람들의 콘텐츠들을 우선적으로 보여주었다. 개개인이 스스로 선택한 관계 기반의 네트워크를 중심으로 콘텐츠를 들여다볼 수 있도록 한 방식이었다. AI기술의 발전은 사용자가 좋아할 법한 콘텐츠들을 우선적으로 노출하는 일이 가능하도록 만들었다.

2022년 이후 인스타그램은 AI가 적극적으로 사용자의 관심사를 읽어내고, 그에 맞는 콘텐츠들을 즉각적으로 추천해주는 방향으로 알고리즘을 전환 중이다.

추천 콘텐츠의 매칭 알고리즘도 AI 기반으로 빠르게 재편되고 있다. 기존의 피드 알고리즘은 콘텐츠가 사용자의 즉각적인 반응을 유도했느냐가 중요한 기준점이었다. 예를 들어 해당 콘텐츠를 사용자가 '클릭'했는지, '좋아요'를 눌렀는지, '댓글'을 달았는지 등 사용자 행동 데이터 중심으로 알고리즘이 구성되었다. 이러한 알고리즘 구조에는 자극적이고 단기적인 인기에 편승하는 콘텐츠의 유통을 부추기는 단점이 존재했다. 이에 메타는 AI 기술을 통해 사용자 행동 데이터와 더불어 '감정 인식요소'를 기반으로 한 추천 알고리즘을 도입하고 있다. 사용자가 어떤 맥락에서 어떤 특정 콘텐츠를 소비하는지를 AI가 분석하여, 사용자의 현재 감정상태를 추론해 적절한 콘텐츠를 추천하는 형태다. 예를 들어 평소보다 밤에 릴스를 오래 시청하는 패턴이 발견되면, 해당 사용자가 외로움을 느끼고 있을 가능성이 높다고 판단하고 이런 사람들이 좋아하는 콘텐츠를 매칭해주는 식이다.

'감정적 일상 공유'라는 정체성의 강화

인스타그램 내에서 생성되는 다양한 콘텐츠를 분석해 감정 레이블을 부여하는 방식도 있다. 특정 콘텐츠가 감동을 불러일으키는 감정과 연관관계가 높은지, 활기차고 에너지가 넘치는 기운과 관련된 콘텐츠인지를 AI가 분류하고 콘텐츠 감성 태깅을 하는 형태다. AI를 활용해서 사용자의 현재 감정상태를 읽어내고, 비슷한 감성을 품고 있는 콘텐츠를 매칭해 심리적으로 가장 공감할 수 있는 콘텐츠를 상위에 노출시키는 것이 최근 인스타그램이 새롭게 시도하는 매칭 알고리즘 형태라 하겠다.

직접 선택한 관계 기반의 네트워크로부터 나온 콘텐츠가 아닌, 팔로우하지 않은 계정의 콘텐츠를 추천함에 따른 부작용을 보완하는 장치들도 정교하게 마련해두었다. 이용자가 원한다면 콘텐츠들이 어떤 이유로 추천되었는지 볼 수 있다. 메타 투명성 센터는 'AI가 피드에 표시되는 콘텐츠를 선택하고 순위를 지정하여 제공하는 방법'에 대해서 투명하게 정보를 공개한다. 동시에 일정 기간 피드에서 추천 콘텐츠를 숨길 수 있는 옵션도 제공하여, AI 추천 게시물에 의해 발생할 수 있는 거부감을 최소화하는 장치도 마련해두었다. AI가 잘못된 형태의 추천을 반복해준다는 느낌이 들 경우, 이용자가 추천 콘텐츠를 초기화할 수 있다.

그럼 AI가 이용자들의 성향을 다시 파악해서 콘텐츠를 추천하게 된다.

메타가 운영하는 인스타그램과 페이스북은 소셜미디어 기반의 디지털채널이다. 이는 단순하게 콘텐츠를 유통하는 기술적인 플랫폼을 의미하는 것이 아니다. 소셜미디어 기반 채널은 기본적으로 디지털공간에서 사람과 사람, 그리고 그 사람이 관심 있어 하는(할) 브랜드들이 긴밀하게 상호작용하고 관계를 형성하는 '사회적 연결구조'를 기반으로 성장한다. 메타는 인스타그램 내 상호작용을 개인이 선별하는 수동적 네트워크 기반 알고리즘에서, 개인의 숨겨진 니즈를 읽어내고 능동적 네트워크를 만들어주는 AI 추천 콘텐츠 기반 알고리즘으로 새롭게 혁신해나가고 있다.

이와 같은 AI 기반의 추천 콘텐츠 기술은 비슷한 소셜미디어 디지털채널들인 틱톡과 유튜브도 유사하게 채택하고 있다. 하지만 인스타그램은 감정적 일상 공유라는 플랫폼 특유의 정체성을 강조하는, 감정 인식 기반의 추천 알고리즘을 강화하고 있다는 점에서 특징적이다.

틱톡의 '사용자 주도권 강화' 전략

틱톡은 2025년 6월 사용자들이 포유(For You) 피드에서 노출되는 콘텐츠를 직접 조정할 수 있는 '토픽 관리' 기능을 확대하는 방향으로 전략을 수정하고 있다고 발표했다. 앞으로 변화된 기능을 사용하면 사용자는 스포츠, 여행, 유머, 창작예술, 댄스 등 다양한 테마의 콘텐츠 카테고리의 노출 빈도를 직접 설정할 수 있다. 특정 콘텐츠가 지나치게 많이 보이는 상황을 스스로 컨트롤하며 방지할 수 있는 것이다. AI의 추천을 단순하게 따르기보다는 각자가 적극적으로 토픽을 선택하게 한 것이 핵심이다. 현재 포유 피드에서 노출된 콘텐츠를 길게 누르면, '관심 없음' 같은 옵션을 선택해 해당 주제의 노출 빈도를 줄일 수 있다. 즉 토픽 관리는 사용자 주도권을 좀 더 강화한 기능이라 할 수 있다.

틱톡의 AI 기반 추천 알고리즘 시스템은 사용자가 특정 유형의 콘텐츠에 얼마나 오래 머물고, 해당 콘텐츠를 몇 번이나 반복 재생하는지를 핵심변수로 삼는다. 짧은 영상 콘텐츠가 주를 이루는 소셜미디어 채널답게 콘텐츠에 얼마나 빠르게 몰입되느냐, 콘텐츠를 얼마나 반복적으로 소비하느냐를 중요한 추천 지표로 삼은 것이다. 다만 AI가 선택한 유사 콘텐츠들에 지나치게 반복적으로 노출되다보면, 사용자경험상의 피로가 쌓이는 부정적인

인스타그램의 AI 기반 추천 콘텐츠

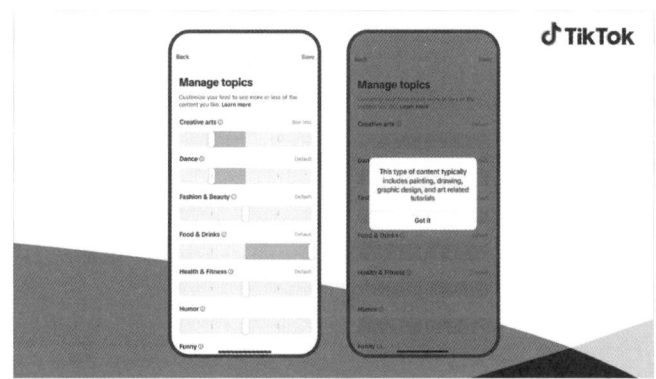

틱톡의 '토픽 관리' 기능

인스타그램과 틱톡은 모두 AI시대에 적합한 사용자 중심의 서비스를
제공하며, 또 다른 변화를 감행하고 있다.

이슈가 발생할 수도 있다.

내가 무엇을 보고 싶은지를 '선택'할 권리

틱톡은 숏폼 트렌드를 만들어낸 대표적인 소셜미디어 플랫폼이다. 틱톡은 2016년 9월 다른 소셜미디어 플랫폼에 비해 후발주자로 등장했는데 페이스북(2004년), 유튜브(2005년)에 비하면 10년 이상 뒤늦게 출시되었다. 그런 틱톡을 지금의 반열에 올린 배경은 바로 숏폼 콘텐츠의 폭발적 성장이다. 틱톡은 15초 전후의 숏폼을 콘텐츠 소비의 표준 형식으로 끌어올리며, 전 세계적 트렌드를 만들어냈다. 짧은 시간 안에 강한 인상을 남기는 콘텐츠를 중심으로 반복 시청과 공유를 유도하며 빠르게 시장에 안착한 것이다.

문제는 이후 다른 플랫폼들 역시 숏폼 기반의 콘텐츠에 집중하기 시작했다는 데 있다. 인스타그램이 2020년 인스타그램 릴스를, 유튜브가 2021년 유튜브 쇼츠를 출시했다. 후발주자들은 단순히 틱톡을 따라 했다기보다, 각 플랫폼 특성에 맞춰 숏폼 콘텐츠 소비를 장려하면서 틱톡의 시장점유율을 빼앗아갔다. 인스타그램 릴스는 틱톡보다 덜 자극적인 감성 콘텐츠, 라이프스타일, 패션·뷰티 등 시각적 몰입도가 높은 콘텐츠를 중심으로 숏폼을 만들어 성장해나갔다. 유튜브는 기존의 롱폼 생태계 안에서 숏폼을 자연스럽게 연결시켜 발전해나갔다. 숏폼을 통해 소비자의 관심을 끈 후 롱폼 콘텐츠로의 자연스러운 전환을 유도해나간 것이 유튜브의 성장 비결이다.

틱톡은 상대적으로 '반응형 콘텐츠'를 만들어내는 특성을 가지고 있기에 자극적일 수밖에 없다. 오픈서베이(OpenSurvey)가 2023년 3월 발표한 숏폼 콘텐츠 비교 분석 리포트에 따르면, 인스타그램 릴스와 유튜브 쇼츠 이용자는 피드 내에 노출된 콘텐츠를 시청만 하는 비율이 각각 39.9퍼센트와 47.2퍼센트로 높은 편이다. 반면 틱톡은 이용자들이 콘텐츠 시청 후 비교적 적극적으로 반응하는 경향이 있다. 콘텐츠만 단순 수동적으로 보는 비율이 19.8퍼센트로 매우 낮고, 절반이 넘는 52.5퍼센트의 소비자가 '좋아요/하트/마음' 같은 참여형 액션이 담긴 버튼을 누른다. 그러니 틱톡은 반응을 이끌어내도록 짧고 자극적인 콘텐츠를 계속 추천하는 형태로 운영할 수밖에 없다.

하지만 AI가 추천해주는 자극적인 반응형 콘텐츠가 끊임없이 수동적으로 전달되는 느낌을 받을 때 알고리즘 피로도가 높아질 수 있다. '틱톡 내에서 지속적으로 추천되는 콘텐츠'가 '나의 적극적인 반응을 이끌어내기 위해서 AI가 선정한 콘텐츠'라 느낄 때, 사용자는 통제감 상실을 느낄 수 있고 이는 몰입의 저하로 이어질 수 있다. 따라서 틱톡의 토픽 관리 기능 강화는 단순한 인터페이스의 변화가 아니다. 사용자에게 시청경험을 직접 선택했다고 인식하게 만들어, 심리학에서 말하는 '인지적 정당성'을 유도하기 위한 전략적 선택이라고 볼 수 있다.

결국 틱톡은 반응을 이끌어내는 AI 추천의 정밀도를 유지하는 동시에, 사용자에게 '내가 스스로 무엇을 보고 싶은지를 선택할 권리'를 부여하기 시작했다. 이는 플랫폼의 콘텐츠 소비에서 발생할 수 있는 알고리즘 피로도를 AI와 사용자 간 공진화적 큐레이션 구조 형성을 통해 줄여나가려는 시도다. 앞으로 틱톡은 'AI가 주도하는 피드'에서, 'AI와 내가 함께 만들어가는 피드'로 진화해나갈 예정이다.

콘텐츠가 광고이자 스토어가 되는 세상

AI는 소셜미디어의 커머셜화 방향에도 큰 영향을 주고 있다. 소셜미디어의 커머셜화는 인스타그램, 유튜브, 틱톡과 같은 소셜미디어 플랫폼이 기업들의 다양한 상품들이 판매되고, 기업들이 적극적으로 수익활동을 만들어갈 수 있는 상업적 생태계의 역할을 하게 된 현상을 의미한다.

소셜미디어가 일상의 중심 공간이 되어가고, 다양한 사람들이 사용하는 제품들과 서비스가 노출되기 시작하면서, 기업들은 그들의 마케팅을 소셜미디어에 집중하게 되었다. 동시에 인플루언서라고 불리는 소셜미디어 크리에이터들이 높은 인기를 누리게 되고 이들을 추종하는 팬들이 생기면서, 크리에이터들은 다양한 상품들과 서비스를 성공적으로 판매하기에 이르렀다. 여기에 소셜미디어 플랫폼들이 쇼퍼블 콘텐츠(Shoppable Contents)를 그들의 플랫폼에 적극적으로 도입하면서 소셜미디어의 커머셜화는 꽃을 피우게 된다.

쇼퍼블 콘텐츠는 사용자가 소셜미디어에 자연스럽게 노출되는 콘텐츠를 소비하는 과정에서, 즉 해당 플랫폼에서 이탈하지 않으면서 바로 노출된 상품이나 서비스의 구매까지 이어지는 상호작용형 콘텐츠를 의미한다. 이는 콘텐츠가 광고이자 스토어가 되는 세상이 열렸다고 할 수 있다. AI는 이제 소셜미디어의 모든 커머셜화 과정에서 사용자의 취향과 맥락을 빠르게 계산해, 가장 적절한 순간에 가장 구매 가능성이 높은 상품을 콘텐츠에 녹여낼 것이다.

예를 들어 기업이 인스타그램에 콘텐츠를 만들어 물건을 팔고 싶다면, 메타 애드 매니저(Meta Ads Manager)라는 통합 광고 플랫폼에 접속하면 된다. 최근 들어 인스타그램은 어드밴티지+크리에이티브(Advantage+Creative)라는 AI 자동화기능을 통해 기업이 만든 광고를 다양한 버전으로 자동 생성한다. 이 기능의 AI는 이미지 밝기 조절, 텍스트 배치 변경, 영상 비율 최적화, 색상 강조 등을 통해 수십 가지 버전의 광고를 실시간으로 제작하고, 수많은 조합을 타깃 소비자에게 A/B테스팅한다. 이후 가장 반응이 좋은 광고 조합만을 지속적으로 노출해 광고 효율을 극대화한다.

또한 어드밴티지+쇼핑(Advantage+Shopping) 기능을 활용하면, 브랜드의 전체 제품 카탈로그를 AI가 자동으로 스캔하고 사용자의 행동 데이터를 기반으로 '이 사람이 지금 사고 싶어 할 만한 제품'을 자동으로 추천해준다. 광고를 본 사용자가 클릭하면 인스타그램 내에서 바로 결제까지 가능한 쇼핑 연동이 이루어지며, 이 모든 과정은 사용자 맞춤형으로 최적화된다. 예컨대 같은 브랜드의 광고라도 서울 강남에 거주하는 30대 여성에게는 밝고 감성적인 배경의 쇼핑 광고가, 부산에 사는 20대 남성에게는 기능성 중심의 광고가 자동으로 노출되는 식이다. 이처럼 메타의 AI광고 최적화 시스템은 단지 비용을 절감하는 수준이 아니다. 콘텐츠 크리에이티브, 타깃팅, 전환 유도까지 전 과정을 자동화하여 브랜드가 '어떤 콘텐츠를 누구에게 어떻게 보여줄 것인가'라는 질문을 AI에게 맡기는 구조를 만들어가고 있는 것이다.

인스타그램 광고의 AI 도입에 대한 성공 사례

인스타그램 광고의 AI 도입에 대한, 다양한 성공 사례들도 만들어지고 있다. 메타의 자체 발표 자료에 따르면 에어컨, TV, 세탁기와 같은 가전 구독을 제공하는 LG헬로렌탈이 인스타그램의 어드밴티지+쇼핑 기능을 활용해 진행한 캠페인은 사람이 직접 선택하여 광고 설정을 한 BAU(Business Ad Usual)보다 높은 마케팅 성과를 만들어냈다.

LG헬로렌탈은 인스타그램에서 캠페인을 진행할 때 프로젝트 담당자들이 직접 수동으로 캠페인방식을 설정하고, 핵심 슬로건 문구의 위치를 선택했으며, 여러 타깃(최근 웹사이트 방문자, 가전에 관심 있는 사람 등)을 대상으로 예산을 할당하는 데 많은 자원과 시간을 투입하고 있었다. 그러다 AI를 활용하여 캠페인의 성과를 향상할 수 있는지 테스트하기 위해서 인스타그램 AI 자동화 광고캠페인 툴의 자동 타깃팅, 자동 예산 최적화, 콘텐츠 자동 조합, 게재 위치 자동화 기능을 사용하여 BAU와 성과 비교를 해보았다. 예를 들어 '지금 신청하면 3개월 무료'와 같은 CTA(Call to Action)를 어디다 삽입할지를 두고 평소처럼 사람이 직접 선택하는 방안과 AI로 자동화하여 진행한 방안을 비교하는 테스트를 진행한 것이다. 결과는 놀라웠다. AI 자동화 광고캠페인을 사용했을 때 BAU 수동 설정에 비교하여, 고객이 실제 결제 페이지에 들어가기 전까지 광고에 들어가는 비용이 약 31퍼센트 감소했다. 렌탈 등록을 완료하는 데 소요된 비용 역시 BAU 대비 23퍼센트 절감되는 큰 성공을 이끌어냈다.

　네스프레소 코리아도 비슷한 사례다. 네스프레소 코리아는 2007년 한국 시장에 진출한 후, 고급스러운 카페 스타일의 커피를 집에서 쉽게 즐길 수 있다는 브랜드 콘셉트를 각인시키기 위해 갖은 노력을 기울여왔다. 특히 가정용 커피머신의 가격을 싸게 책정하면서 캡슐 가격을 비싸게 판매하는 캡티브 가격(Captive Pricing: 주요 제품의 가격을 낮게 설정하고, 이를 이용하는 데 필요한 보완 제품의 가격을 높게 설정하는 것)을 오랜 기간 사용해왔다. 캡슐 가격이 경쟁사의 캡슐에 비해서 많이 비싸기 때문에, 네스프레소 캡슐에 대한 가치를 느끼게 하는 것이 무엇보다 중요했다. 네스프레소 기계로 커피 한잔을 내려 마시는 것이 괜찮은 카페에서 커피 한잔을 마시는 것과 동일한 느낌을 줄 수 있도록 고급화된 브랜딩 이미지를 성공적으로 전달해야 했고, 이를 위한 브랜딩전략들이 수행됐다. 직접 운영하는 고급스러운 인테리어의 부티크매장을 열거나, 백화점 같은 하이엔드 이미지의 장소에 매장을 열어서 네스프레소 시스템으로 준비된 커피를 시음하게 해준 공간경험전략이 대표적이다.

네스프레소는 고급스러운 이미지를 가져올 수 있는 컬래버레이션도 다양한 방식으로 구사하고 있다. 그 일환으로 2024년 11월 스타벅스와 함께 새로운 제품을 개발하고, 해당 상품의 인지도를 최대한 이끌어내는 캠페인을 기획했다. 네스프레소팀은 이 제품이 광범위한 타깃에게 도달하고 영향력을 높이기 위해 메타 모먼트 메이커(Meta Moment Maker) 솔루션이라는 AI 기반 광고 최적화 방식을 사용했다. 모먼트 메이커는 사람의 직관이 아닌 AI가 실시간으로 타깃을 분석하고, 맞춤형 광고를 조정하는 것을 의미한다. 머신러닝 기반 알고리즘을 통해 사용자 행동, 관심사, 과거 반응을 분석해서 최적의 타이밍, 메시지, 콘텐츠 조합을 자동으로 결정하여 캠페인을 집행하는 것이다. 결과는 성공적이었다. 광고 집행 5일간 약 420만 명의 목표 타깃층에 광고를 성공적으로 도달시켰다. 캠페인 광고에 노출된 사람들의 구매의향 비율도 기존보다 5.1퍼센트 증가하는 결과를 만들어냈다.

틱톡, '광고 피로도'를 관리하다

틱톡 역시 비슷한 형태의 AI 자동화 광고기능을 여러 방식으로 기업에게 제공하고 있다. 좀 더 차별화된 측면은 AI를 활용해 광고 소재 피로도 역시 관리하고 있다는 점이다. 앞서 언급한 것처럼, 틱톡은 반응형 숏폼 콘텐츠를 다양한 방식으로 제공하고 있기에 수초 안에 끊임없이 자극적인 콘텐츠를 소비함에 따라 발생하는 피로도가 문제로 작용할 수 있다.

틱톡은 스마트 크리에이티브(Smart Creative) 기능을 통해서 기업이 광고 소재로 등록한 이미지, 영상, 텍스트, CTA 등을 기반으로 AI가 수십 개의 광고 버전을 자동으로 조합하여 생성하도록 한다. 이 조합은 소재 유형, 영상 길이, 톤앤드매너, 배치, 자막 등에 따라서 다양하게 생성된다. 이렇게 자동 생성된 버전의 광고들은 AI에 의해서 다양한 사용자들에게 분산 노출된다. 이후 AI가 피로도 신호를 감지하여 특정 버전의 성과가 감소하거나 반응이 줄어들면, 해당 소재의 노출을 제한 또는 중지하거나 또 다른 조합을 만들어 노출시킨다. 틱톡의 자체 발표에 따르면, 스마트 크리에이티브 사용 시 전환율이 평균 32퍼센트 향상했고 광고 클릭당 비용(CPC)은 20퍼센트 감소하는 효과가 나타났다고 한다. 틱톡은 궁극적으로 자체 소셜미디어의 커머셜화 성공을 위해, AI를 통해 광고형 콘텐츠가 질릴 틈을 주지 않는 알고리즘을 만드는 방식을 추구하고 있다.

유튜브의 AI 조합 실험

상대적으로 긴 형태의 롱폼 콘텐츠가 많이 소비되는 유튜브는 자동 광고 소재 생성 및 최적화에 AI기능을 확대해나가고 있다. 유튜브는 틱톡이나 인스타그램에 비해 롱폼 콘텐츠 중심의 사용자경험을 제공하는 대표적 플랫폼이다. 이는 단순히 영상 길이의 차이를 의미하는 것이 아니다. 사용자의 몰입도, 콘텐츠 집중 시간, 광고 노출의 맥락이 다르게 작동한다는 것을 뜻한다. 유튜브는 한 편의 콘텐츠에 여러 광고 포맷(범퍼, 스킵 가능 광고, 중간 삽입 광고 등)을 삽입할 수 있고, 사용자의 콘텐츠 몰입 흐름을 고려한 최적의 광고 조합을 요구한다.

유튜브는 최근 광고경험의 최적화를 위해 비디오 리치 캠페인 (Video Reach Campaign, VRC)에 AI실험기능을 접목하고 있다. 광고주가 광고를 만들고 이를 6초 범퍼 광고, 15초 스킵 가능 광고, 30초 이상 스토리텔링형 광고의 세 가지 포맷으로 만든 후 AI가 이들을 사용자 그룹별로 조합해 노출하는 형태다. 이후 AI는 도달률, 클릭률, 전환율 등 핵심지표들을 기준으로 어떤 조합이 어떤 타깃에게 가장 효율적인지를 자동으로 분석하고 최적화한다. AI 조합 실험은 단순한 도달을 넘어 몰입을 방해하지 않는 광고, 전환을 이끄는 스토리 조합, 피로도를 줄이는 시퀀스 설계까지 고려하는 전략으로 진화하고 있다.

동시에 유튜브는 경쟁 SNS 플랫폼들과 차별화된 AI 기반의 창작기능을 제공하려는 시도를 이어가고 있다. 예를 들어 2023년 11월 유튜브는 사용자가 유명 팝스타들의 목소리를 모방해 짧은 음악을 만들 수 있도록 지원하는 AI도구 '드림 트랙(Dream Track)'을 공개했다. 사용자가 직접 만들어낸 가사의 내용이나 원하는 곡의 분위기 등 정보를 텍스트 형태로 입력하면, AI가 이에 맞춰 짧은 음악을 자동으로 생성해준다. 유튜브는 쇼츠에서 배경음악을 제작하는 용도로 이 기능을 제한하여 제공했다. 당연히 숏폼 동영상 영역에서 경쟁자인 틱톡에 대응하기 위해 만든 기능이라고 할 수 있다.

이 프로젝트는 존 레전드, 찰리 푸스, 트로이 시반과 같은 유명 아티스트 아홉 명이 자신의 목소리를 클론(Clone)하는 것을 허용해서 더욱 화제가 되었다. 아티스트 승인 기반의 클론 음성 사용기능에서 시작된 드림 트랙기능은 현재는 텍스트 기반 인스트루멘털 음악(Instrumental Music: 멜로디와 리듬은 있지만 가사는 없는 음악) 생성 중심으로 진화되고 있으며, 미국 내 모든 크리에이터들이 사용할 수 있도록 확장된 상태다.

이외에도 유튜브는 구글 딥마인드가 개발한 텍스트 투 비디오(Text to Video) 생성AI모델을 기반으로 한 Veo3기능을 유튜브 쇼츠에 도입할 계획을 세우고 있다. 이제 유튜브 쇼츠 사용자들은 간단한 텍스트 입력만으로 영상 생성이 가능해지는 세상을 맞이하게 될 것이다. 예를 들어 '달콤한 토마토를 수확한 농부들이 웃고 있는 대형 농장의 모습'이라는 텍스트를 치면, AI가 해당 장면을 묘사한 동영상을 생성해주는 형태다. 이제 농부들은 이런 기능을 이용해 자신들이 판매하는 제품과 관련된 동영상을 만들어 농산물을 팔 수 있다. 이처럼 유튜브는 크리에이터들의 창작 부담을 줄이고, 플랫폼에 머무는 시간을 확장시키며, 콘텐츠의 다양성이 만들어질 수 있는 AI기능들을 지속적으로 만들어 플랫폼에 탑재해나가고 있다.

"알고리즘은 우리가 '언제' 그것을 원할지도 알고 있다"

"알고리즘은 우리가 무엇을 원하는지만 아는 것이 아니라, 우리가 언제 그것을 가장 원할 준비가 되어 있는지도 알고 있다." 사회심리학자 쇼샤나 주보프의 이 말은, AI가 우리의 욕망이 데이터 형태로 남겨지는 소셜미디어상에서 얼마나 정교하게 우리의 행동을 예측하고 우리의 감정을 읽어낼 수 있는지를 설명해준다. 이제 소셜미디어는 단순한 소통의 장을 넘어서 AI가 추천하고 생성하고 유도하며 설계하는 공간으로 변모했다.

인스타그램은 더 이상 친구의 소식을 전하는 네트워크 기반 플랫폼이 아니다. AI는 사용자의 감정 흐름을 읽어내고, 그 순간 가장 공명할 만한 콘텐츠를 선별해 노출하며, 감정 중심의 피드를 만들어간다. 감정을 공감하는 콘텐츠가 곧 '도달'이고 '반응'이며, 브랜드와 연결되는 핵심접점이 된다.

틱톡은 행동 기반의 알고리즘 정밀도를 유지하면서도, 사용자의 선택 권한을 강화하는 구조로 전환 중이다. 피로도를 줄이기 위한 큐레이션 시스템은 단순한 기술 최적화가 아니라 플랫폼과 사용자가 함께 피드를 만들어간다는 '심리적 통제감' 설계의 일환이다. AI가 콘텐츠를 추천하는 것을 넘어서, 사용자의 '내가 선택했다'는 인지적 정당화가 광고 반응률과 몰입도를 높이는 핵심이 된다.

유튜브는 광고조차 하나의 콘텐츠로, 몰입의 흐름 안에 스며들게 하는 방향으로 진화하고 있다. 범퍼 광고, 스킵 가능 광고, 스토리텔링 광고 등 다양한 포맷을 AI가 실시간으로 조합·실험·최적화함으로써, 광고는 더 이상 방해물이 아닌 콘텐츠경험의 일부가 된다. 이처럼 AI는 단순한 자동화의 도구가 아니라 콘텐츠가 만들어지고 유통되는 규칙 자체를 재정의하는 존재가 되었다.

우리는 지금 소비자가 하루에도 수십 번씩 소셜미디어에 접속해 콘텐츠를 소비하고, 감정을 표현하며, 다른 누군가에게 영향을 주는 시대에 살고 있다. 유튜브, 인스타그램, 틱톡, 네이버 블로그, 커뮤니티 플랫폼까지, 각기 다른 리듬과 맥락에서 소비자들은 브랜드와 만나고 있다. 중요한 건 이 만남이 브랜드의 일방적인 메시지 전달로는 결코 이상적으로 지속될 수 없다는 점이다. 이제 AI는 소비자와 광고의 만남을 이상적으로 조율해주는 시대를 혁신적으로 열어갈 것이다.

AI는 반복작업을 자동화하는 단순한 조력자가 아니다. 스토리를 만들고 이미지를 디자인하며 타깃을 발굴하고 최적의 커뮤니케이션 채널을 제안하는 창의적 파트너로 진화하고 있다. AI는 SNS상의 수많은 데이터를 분석해, 소비자가 어떤 상황에서 어떤 감정상태로 어떤 콘텐츠에 반응하는지 읽어낸다. 그리고 그 통찰을 바탕으로 적절한 광고 포맷을 선정하고, 해당 광고 포맷 안에 사람의 감정을 움직이는 서사를 기획하며, 스크롤을 멈추게 할 시각자료를 생성한다.

창의성 측면뿐만 아니라 효율성 측면에서의 혁신도 만들어질 것이다. 인간이 몇 시간, 며칠 동안 구상해야만 하는 이야기와 이미지를 AI는 몇 분 내에 수백 개나 제시해준다. 그리고 그중 가장 효과적인 메시지를 고르는 일조차 인간 마케터가 아니라 AI가 대신하게 될 것이다. 또한 AI는 누가 그 메시지에 가장 강하게 반응할지, 어느 채널에서 언제 노출되는 것이 가장 효과적인지까지 분석해낸다. 콘텐츠를 만드는 데에서 끝나는 것이 아니라 그것이 도달해야 할 타깃과의 '최적의 만남의 장면'을 설계하는 것이다. 어떤 메시지를 누구에게 언제 어디서 어떻게 전달할지를 AI는 과학적 직관으로 안내한다.

유튜브에는 매 60초마다 500시간 이상의 동영상이 업로드되고 있다. 유튜브 외에도 수많은 소셜미디어들이 매년 생겨나고, 해당 플랫폼에서 수만 명의 새로운 콘텐츠 크리에이터가 탄생하는 세상이다. 끝없이 쏟아지는 디지털 콘텐츠의 홍수 속에서, 우리는 고객과 기업이 만든 메시지의 최적 경로를 끊임없이 수정 제안하고 안내하는 AI라는 훌륭한 안내자를 갖게 된 것이다. 앞으로 AI기술들을 통해 성공적인 광고들을 분석하고 '적절한 메시지'를 '적절한 사용자'에게 '최적의 시점'에 제공하는 AI광고캠페인들이 집행될 것이다.

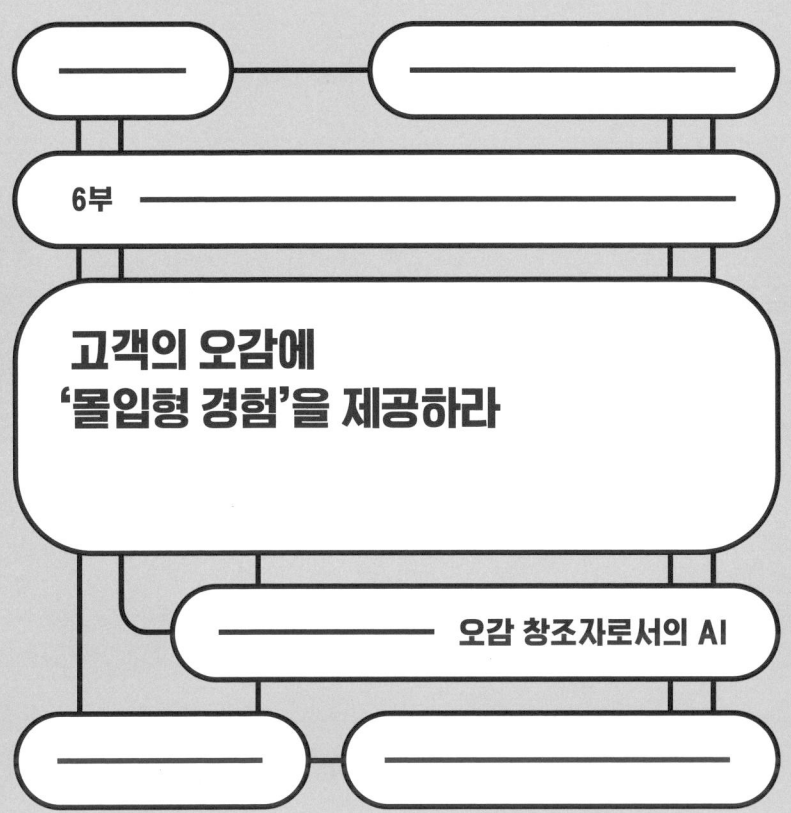

6부

고객의 오감에
'몰입형 경험'을 제공하라

오감 창조자로서의 AI

나이키의 '혁신의 집'

마케팅에서 중요한 것 중 하나가 오감을 기반으로 한 경험 전달이다. 이제 나이키는 'Just Do It' 같은 슬로건을 TV 광고 형태로 전달하는 것에서 만족하지 않는다. 해당 슬로건에 적합한 형태의 체험공간을 오프라인에 만들어, 고객들의 오감을 자극하는 노력을 지속적으로 해오고 있다.

뉴욕과 상하이 중심가에 위치한, '혁신의 집(House of Innovation)'으로 불리는 거대한 나이키 플래그십 매장에 가면 오감을 자극하는 기술이 끊임없이 제공된다. 방문객들은 디지털화된 바닥 위에서 나이키 신발을 신고 춤을 추거나 농구화를 신고 농구를 하거나 러닝화를 신고 트레드밀을 달리는 미션을 수행한다. 상하이의 나이키 매장에서는 참가자들의 점수가 중앙 기둥의 커다란 디지털 화면에 뜨기도 한다. 매장 내 다채로운 경험에 적극적으로 참여할 수 있도록 만든 장치다. 경쟁심을 자극하여, 높은 점수를 올린 사람이 멋있어 보이는 사회적 인지 보상(Social Recognition reward)을 주는 방식을 채택한 것이다. 즉 나이키의 복잡하게 생각하지 말고 지금 당장 움직이라는 'Just Do It' 슬로건을 이 거대한 매장을 통해 체험형 방식으로 전달하고 있는 셈이다.

나이키는 이 매장에서 다양한 제품과 어울리는 청각적 자극을 제공하기도 한다. 아웃도어 캠페인 기간에는 스미스록주립공원의 자연음을 활용하여, 방문객이 자연 속 트레일 체험을 하는 것 같은 분위기를 연출하는 식이다. 특정 구역에서는 방문객들의 발걸음 소리와 호흡 소리를 리듬으로 변환한 음악 트랙을 제공하는데, 방문객들의 움직임에 따라 볼륨과 템포가 미묘하게 변화하는 것이 특징이다. 마치 매장 자체가 움직이는 청각 중심의 퍼포먼스 스튜디오처럼 느껴지게 한 것이다.

고객경험 중심의 마케팅이 부상하면서, 단순한 마케팅 메시지 전달을 넘어 소비자의 오감을 통한 몰입경험을 전해주는 것이 중요해지고 있다. 이제 브랜드는 시각과 청각이 이상적으로 결합된 메시지를 넘어서 후각과 미각, 촉각 역시 다양한 방식으로 사용하는 몰입형 경험을 전달해야 한다. 최근 들어 AI가 다섯 가지 감각을 정교하게 분석하고 개개인에 적합한 형태의 체험을 조합하여, 창의적인 방식으로 새로운 오감 기반 경험을 창출하는 시도가 늘어나고 있다.

시각과 청각 분야의 AI 혁신

시각 분야는 일찍이 AI기술을 통해 다채로운 경험이 만들어져 온 분야다. AI가 소비자의 행동패턴, 선호도를 자동으로 분석하여, 그에 맞는 시각적 요소를 추출해 콘텐츠로 만들어 전달하는 것이 대표적이라 하겠다. 예를 들어 코카콜라는 AI를 기반으로 사용자 맞춤형 광고 콘텐츠를 제작한다. AI는 코카콜라의 과거 광고 시청패턴 데이터를 바탕으로 어떤 색상, 디자인, 글꼴이 소비자들에게 가장 매력적으로 다가갔는지 분석한다. 또한 AI 기반 이미지 인식기술은 핵심고객들이 소셜미디어상에 어떤 코카콜라 이미지를 올리는지 분석한다. 코카콜라는 이런 AI알고리즘을 기반으로 최적의 맞춤형 이미지를 보여준다.

청각 분야도 AI기술을 통한 혁신적인 고객경험 전달 사례들이 늘어나고 있다. 오래전부터 AI기술을 활용한 개인 맞춤 플레이리스트 기능을 지속적으로 업그레이드한, 음악 스트리밍 플랫폼 '스포티파이'는 AI를 기반으로 한 청각적 경험 분야에 다채로운 혁신을 만들어내고 있다. 일례로 AI가 스포티파이 개별 이용자들의 선호 음악을 분석해서, 개개인에게 맞는 플레이리스트를 끊임없이 추천해주는 서비스를 꼽을 수 있다. 익숙한 음악을 제안하는 것을 넘어서서 예상치 못한 음악을 소개하는 서프라이즈 기능도 제공한다. AI가 사용자들의 사용 내역을 분석하고 듣지 못했을 유형이지만 좋아할 만한, 깜짝 놀랄 만한 발견 형태의 음악을 제안하는 게 핵심이다. 익숙하게 듣던 음악만 계속 듣게 하면 플랫폼 내에서 지루함을 느낄 수 있고, 이는 곧 플랫폼 이탈로 이어질 수 있기 때문이다. 이외에도 사용자들이 좋아할 만한 신곡을 추천하는 유어 릴리즈 레이더(Your Release Radars), 기존 곡 중 좋아할 만한 곡을 추천해주는 유어 디스커버리 위클리(Your Discovery Weekly) 등 다양한 AI 기반의 큐레이션 프로그램이 있다.

1970년대나 1980년대에 녹음된 음원은 최근에 녹음된 음악보다 소리가 작을 수 있다. 1970년대 포크송을 듣다가 갑자기 지드래곤의 최신곡을 재생한다고 해보자. 지나치게 큰 소리에 놀라서 볼륨을 줄이는 수고로움을 거쳐야 할 것이다. 스포티파이는 이런 불편한 경험을 AI가 자동으로 해결해주는 기능도 적극적으로 도입했다. 동시에 노래를 듣는 것을 넘어서 노래의 배경음만 틀고 직접 노래를 부를 수 있는 싱어롱(Sing Along) 기능도, AI를 통해 노래방 배경음을 추출하는 형태의 서비스로 제공했다.

스포티파이는 그들의 플랫폼 안에서 자연스럽게 오디오광고를 듣게 하기 위해 노력하고 있다. '사용자가 현재 듣는 음악스타

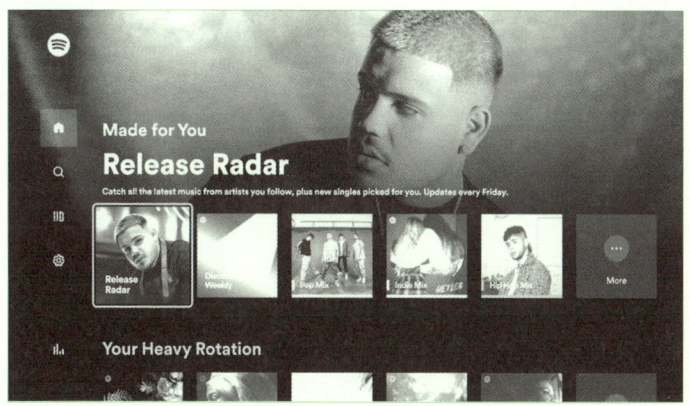

스포티파이의 '유어 릴리즈 레이더' 서비스

•

스포티파이는 AI를 기반으로 한 청각적 경험 분야에 다채로운 혁신을
만들어내고 있다.

일'과 '음악을 들으며 하는 행위'에 맞춰진 광고를 만들어, 이 광고를 덜 귀찮게 여기도록 AI기술을 사용하고 있다. 예를 들어, 스포티파이에서 음악을 들으며 조깅을 하는 사용자가 적당히 에너지 넘치고 달리기의 리듬에 방해가 되지 않는 선에서 중간 광고를 듣도록 AI가 조율해준다. 이러한 AI 기반 오디오광고는 사용자의 청취경험에 자연스럽게 녹아들어서 광고에 대한 반감을 줄여준다. 소비자도 자신이 현재 듣고 있는 음악과, 음악을 듣는 상황에 적합한 광고를 듣게 되어 상대적으로 높은 수용도를 보일 가능성이 크다.

후각 분야의 AI 혁신

후각 분야는 빠르게 성장하고 있는 경험 분야 중 하나다. 소비자가 매일 사용하는 향수, 바디로션과 같은 부분에서부터 안 좋은 냄새를 없애는 탈취제, 공기청정기 같은 전자제품 영역까지, 광범위한 영역에서 후각적 경험이 다양한 방식으로 만들어지고 있다.

대표적 AI 혁신 사례가 스위스의 글로벌 향수 및 향료업체인 지보단(Givaudan)이 2020년 출시한 AI 향기 창출 시스템 카르토(Carto)다. 조향사들이 이 카르토를 이용해, 와이드 터치스크린상의 다채로운 시각적 솔루션을 기반으로 창의적이고 새로운 향을 만들어낼 수 있도록 하는 것이 핵심이다. 5000개 이상의 향료 데이터를 이차원적인 지도로 터치스크린상에서 시각화하고, 이를 기반으로 조향사는 원하는 향료 영역을 터치하거나 드래그하여 포뮬러를 구성하면 된다. 각 조합이 완성되면 AI는 선택된 향료 조합의 상호작용을 예측하고, 소비자 선호 예측치로 표현하여 조향사에게 결과를 알려준다. 또 결과 도출 이후 즉석 샘플링 로봇 시스템을 통해서 신속하게 해당 향기를 대표하는 향수를 곧바로 만들어낼 수 있다. 이는 전통적인 방식으로 향기를 제조하는 데 익숙한 조향사가 AI기술에 영감을 받아 새로운 창작물을 만들어내는, 과학과 예술이 잘 융합된 AI 혁신 사례로 큰 주목을 받았다.

최근에는 향 자체를 디지털화하여 생성해내는 회사도 나타났다. 대표적인 회사가 구글 출신들이 모여 창업한 회사 오즈모(Osmo)다. 구글 리서치에서 분자구조로부터 냄새를 예측하는 AI 개발 관련 일을 하던 연구원이 설립한 이 회사는, AI기술을 통해서 후각을 디지털화하여 인간에게 더 나은 고객경험을 전달하는 것을 목표로 한다. 그동안 후각 분야에 AI 응용이 어려웠던 이유는 학습 데이터의 취득 문제 때문이었다. 대규모언어모델을 기반으로 움직이는 AI 서비스들이 광대한 인터넷을 통해서 얻은 데이터를 토대로 훈련해왔다면, AI의 후각을 훈련시키는 고품질의 데이터는 그동안 많지 않았다.

오즈모는 수천 개의 분자와 조향사의 향기에 대한 설명을 결합하여, AI를 훈련할 수 있는 후각 데이터를 창출하는 방식으로 혁신을 만들어나가고 있다. 이것이 냄새의 디지털화라 할 수 있다. 오즈모의 향기 마케팅은 스니커즈의 정품 여부를 감정하는 AI프로그램의 개발까지 이어지고 있다. 새 신발은 특유의 향을 가지고 있다. 리셀시장이 커지면서 가품 거래의 위험성이 증대되고 있다. 이런 시점에 오즈모의 AI프로그램은 스니커즈의 향을 분석해 정품 스니커즈를 가려낸다. 신발 하나를 만들 때 사용되는 화학적인 성분을 기반으로 한 향을 분석 및 분류하고, 이를 토대로 정확도가 95퍼센트에 달하는 정품 인증을 해주는 향 기반의 프로그램을 만들어낸 것이다.

AI가 향을 제안해주는 수준도 높아지고 있다. 미국 미시간주립대학교와 오즈모 연구팀이 지난 2023년 저명 학술지 〈사이언스〉에 게재한 연구 내용에 따르면, 그래프 신경망AI와 수십년간 전문적으로 후각을 트레이닝 받아온 요리사 등이 정체 불명의 액체가 담긴 400병의 냄새를 구분하는 비교 연구를 진행했다. 놀라운 사실은, 이 대결 결과 AI가 사람보다 더 객관적으로 냄새를 인식·구분할 수 있음이 밝혀진 것이다. 이제는 AI 기반의 개인화된 향기 추천 서비스가 향 전문가들이 제공하는 서비스 이상의 정확도와 편리함을 줄 수 있는 시대가 곧 열릴지 모른다.

후각이 마케팅에서 중요한 이유 중 하나는, 후각이 기억을 불러일으키는 탁월한 힘을 가지고 있기 때문이다. 인간은 진화론적으로 후각을 통해 위험을 회피하고 상대방으로부터 독특한 매력도를 느껴왔다. 앞으로 중요한 후각 분야가 AI라는 기술로 무한한 확장의 날개를 달게 되었다고 할 수 있다.

미각 분야의 AI 혁신

미각 분야에서도 AI기술을 통해 새로운 시도가 만들어지고 있다. 코카콜라는 AI기술을 활용해 그들의 핵심 팬들에게 '미래의 코카콜라 맛'에 대해서 생각해보는 기회를 제공해 큰 호응을 이끌어냈다. 2023년 9월, 코카콜라는 미래의 고객들에게 여전히 의미 있는 상쾌한 맛을 전달하기를 바라는 의미에서 서기 3000년의 코카콜라는 어떤 맛일지를 고객과 함께 탐구해보는 '코카콜라 3000년 제로 슈가' 캠페인을 진행했다.

미래의 코카콜라는 어떠한 맛일지를 두고 전 세계 코카콜라 팬의 관점과 AI가 수집한 통찰을 결합하여, 특별한 미래형 패키

지보단의 AI 향기 창출 시스템 카르토

코카콜라의 '코카콜라 3000년 제로 슈가' 캠페인

징과 맛을 가진 '코카콜라 Y3000 제로 슈가'란 한정판 제품이 출시됐다. 실제 출하된 제품은 형태와 색상이 유동적으로 변화하는 '진화하는 액체'를 표현하는 방식으로 고안되었으며 전체 디자인은 인공지능과 협업해 완성되었다. 소비자가 제품 패키지의 QR코드를 스캔해 '코카콜라 크리에이션 허브'에 접속하면, 맞춤형 AI카메라 필터를 통해 자신의 현재 모습을 미래형으로 바꿔주는 흥미로운 체험도 해볼 수 있었다. 향후 코카콜라와 같은 다양한 F&B 영역에서 대중적인 고객들의 입맛을 수집하고 분석하고 창조하는 데 있어서 AI를 적극적으로 활용할 것을 예견하는 흥미로운 캠페인이라 할 수 있다.

코카콜라의 이러한 시도는 놀랍지 않다. 이미 2017년 고객이 직접 원하는 방식으로 음료를 혼합해 먹을 수 있는 최신형 셀프서비스 자판기 데이터를 AI가 분석해서 '체리 스프라이트(Cherry Sprite)'라는 신제품을 출시한 것은 잘 알려진 사례다. AI가 자판기가 설치된 장소의 특성에 맞춰서 음료 제조 기본 동작방식을 조정하기도 했다. 극장이나 사람들이 많이 다니는 쇼핑몰에서는 좀 더 활기차고 흥미로운 방식의 음료 혼합방식을, 병원과 같은 공간에서는 좀 더 차분한 방식의 혼합방식을 자동으로 판단하여 도입하는 형태였다.

전문적으로 미각 분야에서 AI 기반으로 한 솔루션을 개발하는 회사들도 하나둘 늘어나고 있다. 1889년 미국에서 창업한 맥코믹앤드컴퍼니(McCormick & Company)는 후추와 같은 향신료를 만들어내는 기업이다. 이 기업은 그들이 100년 넘는 기간 동안 축적한 식품의 맛과 향에 대한 기존 데이터를 체계적으로 정리하고, 여기에 개인별 식습관과 선호하는 맛을 결합해 창의적인 신제품을 만들어내는 온라인 플랫폼을 내놓아 큰 관심을 끌었다. 이 회사는 IBM과 협력해 2019년 AI 기반 음식 솔루션 플랫폼 '원(ONE)'을 출시했다. 맥코믹앤드컴퍼니가 100년 넘게 축적한 향신료 레시피 데이터를 IBM 리서치(IBM Research)의 AI시스템 '세이지(SAGE)'가 학습하여 각 성분의 맛을 깊은 수준으로 프로파일링한 뒤, 이 맛에 반응할 타깃 소비자층을 분석하고 예측하는 시스템이었다. 이용자가 '한국식 매운 바비큐 맛'과 '애플향 포함' 같은 기본 레시피 조건을 입력하면, AI가 이러한 입력값을 바탕으로 수천 가지 새로운 맛의 조합을 탐색하고 결괏값을 주는 것이 기본적인 작동방식이다. 이러한 시스템은 새로운 맛을 비전문가도 창출하게 돕고 개발 소요시간을 크게 단축시키는 효과를 가져올 수 있다.

이제는 원 플랫폼처럼 AI를 조수로 활용해, 소비자 데이터를 바탕으로 창의적이고 효율적인 방식으로 다양한 맛을 개발할 수 있는 시대가 열렸다. 식품 데이터에 따르면, 전 세계에서 생산되는 식품의 약 30퍼센트가 폐기된다고 한다. AI는 개개인에게 더 맞춤화된 식품을 효과적으로 개발하고, 식품의 부패를 최소화하고, 유통과정의 효율을 높여 의미 없이 버려지는 음식물을 줄이는 데도 크게 기여할 것이다.

촉각 분야의 AI 혁신

마지막으로 촉각 분야에도 다양한 AI기술 기반의 혁신이 만들어지고 있다. 서던캘리포니아대학교의 헤더 컬버트슨 교수는 인간의 촉감을 모방한 촉각 웨어러블 암밴드 기기를 고안해 큰 호응을 받았다. 상대방이 대화 중 '팔을 가볍게 쓰다듬는다'라는 사회적 신호가 담긴 메시지를 넣으면, 사용자가 암밴드를 통해 누군가가 자신의 팔을 쓰다듬는 감촉을 느끼게 하는 것이 핵심이다. 누군가와 함께하고 싶거나 정서적 안정이 필요한 불안장애를 앓는 사람들에게 사용될 수 있는 기술이다. AI기술로 사회적 터치 데이터(위치, 압력, 속도)를 가공하고 연속적인 횡적 움직임을 수직적인 진동 시퀀스로 변환하여 암밴드를 통해 '촉각 환상 (Haptic Illusion)'을 생성한 것이다.

앞으로 다양한 분야에서 이러한 촉각 환상에 기반한 서비스들이 만들어질 것이다. 패션 유통업계를 예로 들면, 자라(Zara)는 AI 기반 스마트 탈의실을 제공해오고 있다. 우선 자라의 모든 의류에는 RFID 태그가 부착되어 있는데, 탈의실 입구와 거울 옆에 설치된 RFID 리더를 통해서 고객이 탈의실로 가져오는 모든 옷이 데이터로 인식된다. 그러면 탈의실 내 스마트미러의 스크린에 제품에 대한 자세한 정보가 뜨는 것이다.

사용자는 AI와 AR 기술이 결합된 탈의실 거울 앞에서 자신의 체형을 기록하고, AI는 이 정보를 기반으로 맞춤형 스타일을 제안해준다. 그리고 AI 기반 컴퓨터 비전 알고리즘이 신체 형태를 파악하고, 선택한 의류의 3D 렌더링을 고객의 체형에 정확히 매칭시켜준다. 소비자는 귀찮게 여러 옷을 입지 않아도 다양한 옷을 착용한 자신의 모습을 시각적으로 경험할 수 있다. 앞으로는 탈의실에서 간단한 웨어러블기기를 착용하는 것만으로도 옷이 몸에 닿는 감촉을 느낄 수 있는 순간이 올 것이다.

옷의 질감을 AI 기반의 촉각 환상 형태로 전달하려는 시도는 다양한 방식으로 이뤄질 것이다. 의류는 어떠한 소재로 만들어 졌느냐가 중요한 구매 기준이 되는데, 온라인쇼핑에서는 의류의 소재를 직접 만져보지 못하는 큰 단점이 존재한다. AI 기반의 햅틱기술의 발전은 이러한 온라인쇼핑의 단점을 없애주는 중요한 역할을 하게 될 것이다. AI가 다양한 의류의 섬유 질감 데이터(실크, 데님, 니트 등)를 자동으로 분류하고, 이를 진동패턴으로 변경하여 실제 천의 질감을 촉각 환상으로 구현해내는 여러 시도들이 이뤄질 것이다.

금융기관에서도 AI에 기반해 오감을 자극하는 경험을 주려는 시도가 늘어날 것으로 보인다. 카드회사의 경우에는 일찍부터 다양한 촉각경험을 전달하기 위한 노력을 해왔다. 비자카드는 2016년 〈멀티 센서리 브랜딩의 가치(The Value of Multi-Sensory Branding)〉라는 보고서를 통해 사용자가 결제하는 과정에서 촉감이 더해지면 안정감이 향상된다는 결과를 발표했다. 그리고 이후에 시각과 청각을 넘어서 촉각적 경험을 상호결합시키는 시도를 이어갔다. 예를 들어 모바일 결제 성공 시기, 진동이라는 촉각적 신호를 전달하는 경험을 주었다. 사용자가 손끝의 진동을 통해 거래 완료를 직관적으로 인지하고 신뢰감과 안정감이 증대되도록 한 것이다. 앞으로 금융 분야는 대면적인 방식이 아니라 디지털기술을 통한 비대면 방식으로 고객들을 상대해야 한다. 이에 따라 금융기관의 핵심가치인 신뢰감과 안정감을, AI기술을 기반으로 한 오감 전달방식으로 보완하는 시도가 다채롭게 이뤄질 것이다. 지금이야말로 금융기관이 AI 오감 경험전략에 주목해야 하는 이유다.

오감을 통해 학습하며 성장하는 AI

인간은 텍스트를 통해 서로 소통하고 기록하면서 지식을 확장하고 진화해왔다. 오늘날의 AI는 사실상 이런 점에서는 인간을 뛰어넘는 능력을 가졌다고 볼 수 있다. 하지만 시각, 청각, 미각, 후각, 촉각이라는 여러 감각을 머릿속의 지식과 결합하는 능력만큼은 기계가 앞서지 못하는 인간만의 독특한 능력으로 인식되어 왔다.

아기가 태어나서 처음으로 '바나나'를 먹게 되었다고 해보자. 아기는 부모를 통해서 이 과일이 '바나나'라는 단어로 불린다는 걸 학습한다. 동시에 바나나가 '물컹하고 멍이 쉽게 들고 껍질은 미끄러워서 잘못 밟으면 바닥에 쿵 하고 넘어질 수 있겠구나' 하는 것들은 직접 만져보고 먹어보고 냄새를 맡는 오감 행위를 통해서 깨닫는다. 바나나라는 하나의 지식체계가 인간의 뇌 속에 저장되려면 오감으로부터 획득되는 지식과 연동되어야 하는 셈이다.

이러한 인간 고유의 지식 축적방식을 그동안 '스키마(Schema)'라고 불리는 연결망을 통해 이뤄진다고 보았다. '바나나'라는 대상을 중심으로 우리가 다양한 오감을 통해서 체득한 여러 정보가 노드(Node)로 저장되고, 그것들이 상황적 연결구조를 이

'바나나' 개념을 이루는 스키마 구조

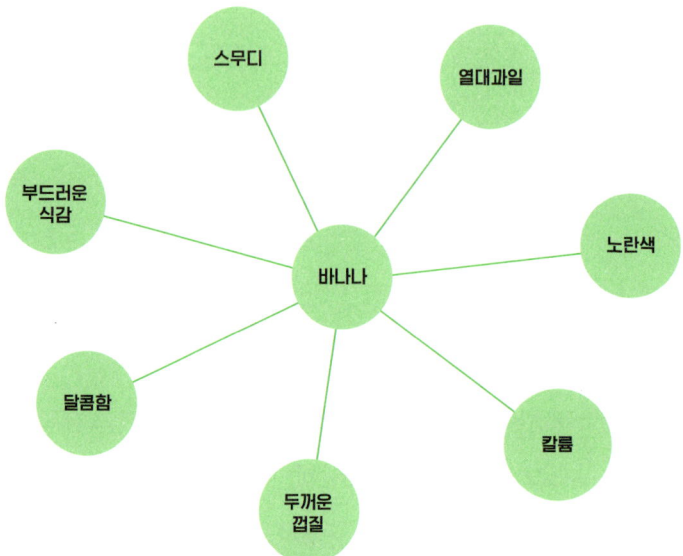

루게 된다. 도표에서처럼 '바나나'를 중심 노드로 삼고, 오감을 통해서 획득한 연관 개념들이 에지(Edge)로 연결된 구조다. 연결된 선으로 표현된 에지의 경우, 바나나를 보거나 만지거나 먹을 때 해당 노드 간의 연결이 더 자주 경험될수록 더 강도가 강해진다고 할 수 있다.

당연하게도 '바나나'라는 중심 노드와 연관된 노드들은 감각 정보를 기반으로 형성되는 경우가 대부분이다. '바나나는 노랗다'는 시각적 경험으로, '입에 넣으니 부드럽게 뭉개진다'는 미각적 경험으로 연결된 것들이다.

　AI 또한 인간이 학습하는 방식으로 학습시켜야 인간과 제대로 소통하고 영향을 줄 수 있다고 생각하여 고안된 것이 바로 '멀티모달리티'란 개념이다. 이때 모달리티는 어떤 형태로 나타나는 현상이나 그것들을 받아들이는 방식을 의미한다. 더 구체적으로 설명하자면 인간이 여러 감각들을 통해서 지식을 축적하는 것처럼 다양한 텍스트, 이미지, 음성, 비디오 등의 데이터를 통합하여 학습하고 사고하게 하는 기술이다. 기존의 AI가 텍스트나 자연어를 이해하는 데 주안점을 두고 특정 종류의 데이터만 처리할 수 있었다면, 멀티모달리티는 인간이 사물을 받아들이는 방식과 동일하게 학습하는 형태로 진화해나가고 있다.

　멀티모달리티AI의 출현은 외부의 다양한 감각을 체화하는 체화형AI(Embodied AI)가 등장했다는 것을 의미한다. 인간처럼 오감을 통해 외부 자극물을 느끼는 물리적 실체를 갖고, 인간의 방식으로 현실세상과 상호작용을 하는 AI가 앞으로 계속 진화할 가능성이 열렸다는 뜻이다. 예를 들어 음성 인식 시스템에서 멀티모달리티AI는 음성뿐만 아니라 음성에 포함된 감정이나 의도를 분석하고, 때로는 사용자가 말을 할 때 보이는 표정이나 몸짓 같은 시각정보를 결합하여 더 정교한 상호작용을 사용자에게 제공할 것이다.

멀티모달리티와 '감각을 지닌 지능'

멀티모달리티 AI기술은 다양한 서비스 영역에서 혁신을 가져올 것이다. 예를 들어, 보험사는 멀티모달리티AI를 통해 사진 한 장으로 즉각적인 사고 접수부터 보상 예측까지 자동화하는 솔루션을 만들어낼 수 있다. 트랙터블(Tractable)은 AI에 기반해 사건 접수 및 손해액 예측 자동화 서비스를 제공하는 기업이다. 이 기업은 보험 클레임 처리과정을 혁신하기 위해 컴퓨터 비전과 머신러닝을 결합한 솔루션을 제공한다. 고객이 보험사 모바일앱이나 웹사이트에 사고 차량의 전면부 파손 사진(번호판 포함)을 업로드하면, 트랙터블의 AI모델은 곧바로 다음과 같은 단계를 수행한다. 우선 업로드된 이미지를 분석하여 차량의 브랜드와 모델, 파손 부위(범퍼, 라이트, 후드 등), 손상 정도(스크래치, 찌그러짐, 균열 등)를 신속히 식별해낸다. 이 과정은 수천 장의 학습용 데이터로 사전훈련된 딥러닝 네트워크를 통해 이루어지며, 사람의 육안 검사에 필적하는 정확도를 보인다.

식별된 차량 파손 정보를 바탕으로 트랙터블은 내부 수리 단가 데이터베이스와 즉시 매칭하기 시작한다. AI는 '이 차종의 이 부위 손상에는 이 정도 수리 공정과 부품이 필요하다'는 기준에 따라 추정 수리비용을 산출한다. 종전에는 인간 전문가가 사진

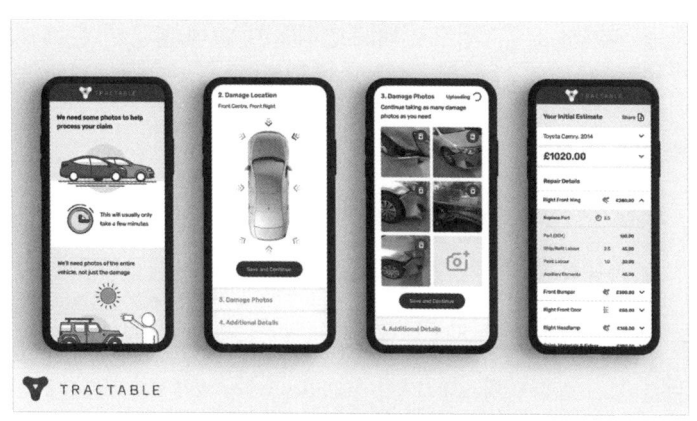

트랙터블의 멀티모달리티AI 활용의 예시

AI가 인간처럼 보고 듣고 느끼는 경험을 바탕으로 '감각을 지닌 지능'
이 되는 시대가 올 것이다.

들을 평가하고 수작업으로 비교 견적을 내는 데 평균 15분이 소요되었다고 한다면, 트랙터블은 이 과정을 3초 이내로 단축할 수 있다고 한다.

또한 이 시스템을 통하면 고객의 보험 가입 내역을 조회하여 적용 가능한 보장 한도와 자차 보험 요율이 자동 계산된다. 그리고 자동 접수(First Notice of Loss, FNOL) 단계를 거쳐, 예측 결과는 실시간으로 담당 언더라이터(Underwriter: 보험료와 조건을 산정하는 역할을 하는 전문가)와 고객에게 통보된다. 고객은 별도의 통화나 설문 없이 채팅창이나 문자메시지로 접수번호와 예상 보상 내역을 받아볼 수 있으며, FNOL 프로세스를 통해 클레임의 접수부터 처리까지의 절차를 최대한 빠르게 마칠 수 있다. 이러한 AI의 활용은 단순한 비용 절감을 넘어 사람들이 사고 직후 가장 불안해하는 질문, 즉 '이 사고로 내가 얼마를 내야 하나'에 대한 해답을 즉시 제공함으로써 고객 만족도를 크게 높일 수 있다.

멀티모달리티는 이러한 보험사의 AI시스템을 한 단계 더 업그레이드시킬 것이다. 미래형 멀티모달리티 AI솔루션은 '사고 발생 → 클레임 접수 → 손해액 예측 → 보상 처리'의 전 과정을 오감과 이어진 다양한 기술을 활용하는 형식으로 효율을 높여줄 것이다. 예를 들어 고객이 사고 현장 사진과 동영상을 휴대폰을 통해 업로드하면 딥러닝 모델이 차량 모델과 파손 부위 및 강도 등을 빠르고 정확하게 식별할 것이다. 고객이 스마트폰을 통해 파손 부위를 비추면 AR 기술을 통해 파손 부위 위에 피해 정도와 적정 수리 절차 및 비용을 3D 가이드로 AI가 안내해줄 것이다.

또한 음향 분석 기술을 통해 사고 당시 녹음된 충돌음과 타이어 마찰음, 엔진 정지음을 AI가 스펙트로그램(Spectrogram: 소리를 시각적 이미지로 보여주는 것)으로 분석하여 사고의 세부 사항(충돌 속도, 충격 강도)을 더 정확하게 예측할 수 있을 것이다. 여기에 시공간의 맥락을 고려한 스마트폰 GPS 로그와 차량 블랙박스 타임스탬프를 연동해 사고 지점의 교통량, 날씨, 조명상태를 자동으로 조회하고 사고결과 데이터 분석결과에 반영해나갈 것이다. 마지막으로 고객의 스마트폰 앱이 파손 유형(스크래치, 크랙, 찌그러짐)에 따라 다른 진동패턴을 제공함으로써 파손 강도를 손끝으로 체감하게 해줄 것이다.

이처럼 인간 고유의 오감 기반 스키마가 AI의 멀티모달리티 학습으로 확장되면, 기계도 머릿속에 현실세계 경험을 담은 '지식의 연결망'을 구축하게 될 것이다. 앞서 언급한 보험 분야에서 나온 트랙터블 사례처럼 오늘날의 AI가 이미지와 텍스트를 결합해 사고 접수와 보상 예측을 자동화했다면, 앞으로는 소리, 위치, AR, 햅틱 등 오감을 아우르는 전방위 멀티모달리티 플랫폼으로 나날이 진화할 것이다. 한마디로 AI는 단순한 데이터 처리기를 넘어 인간처럼 보고 듣고 느끼는 경험을 바탕으로 우리와 더 깊이 소통하고 더 빠르게 문제를 해결하는 '감각을 지닌 지능'으로 자리매김할 것이다.

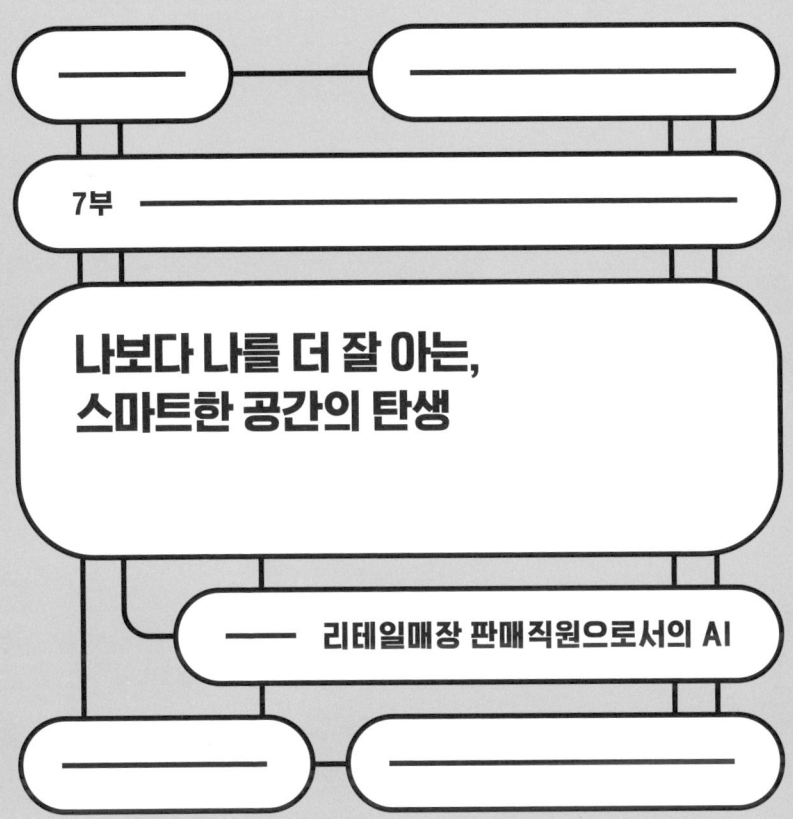

7부

나보다 나를 더 잘 아는,
스마트한 공간의 탄생

리테일매장 판매직원으로서의 AI

'인사이트 랩스'와 골든타임

고객과 직접 만나는 리테일매장 환경도 AI의 도입으로 급격하게 변화하고 있다. 우선 AI를 통한 다양한 데이터 분석으로 깊이 있는 고객경험을 전달하고자 하는 시도들이 늘어나고 있는데, 대표적인 사례가 현대백화점이다. 현대백화점은 2024년 '데이터마케팅 2.5' 프로젝트를 운영하며, AI를 활용해 고객 데이터를 분석함으로써 마케팅전략을 고도화하고자 노력했다. AI기술로 고객 데이터에서 공통된 소비패턴을 찾고, 점포별로 주요한 소비자층에 맞는 제품이나 콘텐츠를 제공해 매출을 일으키는 것이 핵심 내용이다. 현대백화점은 마케팅전략뿐 아니라 소비자 불만 해결, 개인화된 제품 생산 등 전 영역에서 고객 데이터 분석을 통해 고객경험을 혁신하려는 시도를 이어오고 있다.

예를 들어 현대백화점 신촌점은 다른 점포에 비해 뷰티 매출 비중이 11퍼센트로 높다는 점을 파악, 뷰티 고객의 구매패턴에 집중해 좋은 성과를 만들어냈다. 더불어 뷰티 제품 구매자들이

스포츠 및 SPA 브랜드를 소비할 가능성이 높다는 점을 분석하고, 주로 뷰티 제품만 구매해온 고객들에게 스포츠 및 SPA 브랜드에 집중된 구매 혜택을 메시지로 발송하는 전략을 취했다. 그 결과 현대백화점 신촌점은 2024년 10월 한 달간 객단가 12.8퍼센트를 상승시키는 의미 있는 성과를 냈다.

현대백화점은 AI로 고객관리 시스템도 혁신하고 있다. 이에 2024년 백화점 고객들의 다양한 의견들을 분석하고 이상적인 해결책을 제시해주는 AI시스템 '인사이트 랩스(Insight LABS)'를 업계 최초로 도입했다. 이는 특정 점포에 불만을 품은 고객이 현대백화점 홈페이지 '고객의 의견'에 글을 올리면, AI가 실시간으로 해당 내용을 분석해 솔루션을 주는 시스템이다. 인사이트 랩스는 서비스, 제도, 시설, 환경 등 300개가 넘는 카테고리에 따라 고객이 남긴 글을 분류하고, 문제해결 가이드를 담당자에게 전달한다. 시급함을 요구하는 안전사고, 정보 보안, 화재, 범죄 등과 관련된 경우에는 분석과 동시에 담당자들에게 알림을 발송한다.

인사이트 랩스는 고객이 남긴 불만 내용과 비슷한 사례들과 해결 방안들을 학습하여, 담당자들에게 아주 구체적인 가이드를 제시해준다. 보상금 액수, 추가 편의 제공 여부 등 고객이 남긴 불만 상황에 가장 최적화된 보상안을 마련해주는 것이다. 이로써 고객 문제가 발생하고 난 후 유관 부서들이 일일이 내용을 공유하고, 논의를 거치다 사과를 위한 골든타임을 놓쳐 일이 커지는 것을 막을 수 있다.

이외에도 리테일 분야에서 AI기술로 고객 데이터를 분석해, 각 고객에게 최적화된 개인화 경험을 전달하려는 시도들이 늘어나고 있다. 일례로 코카콜라는 AI를 활용한 자판기를 운영하기도 했다. 각기 다른 위치에서 코카콜라의 음료를 판매하는 자판기는 사실상 개별 소매점이나 다름없다. AI가 탑재된 자판기는 해당 구역에 위치한 자판기를 이용하는 고객들의 패턴을 분석하고, 어떠한 지역 자판기에 어떠한 음료들을 비치해야 수익을 극대화할 수 있는지에 대한 맞춤형 솔루션을 제공한다. 뿐만 아니라 코카콜라는 공식 SNS 계정을 팔로우하는 팬들이 게시물에 올린 음료 관련 이미지들(병뚜껑 번호, 페트병 사진 등)을 AI로 분석해 지역별로 잘 팔리는 제품들을 선별하고 맞춤형 광고를 집행하는 등 AI를 적극적으로 활용하고 있다.

미국 대형 식품매장 크로거(Kroger)는 마이크로소프트와 협력해 '에지(EDGE)'라는 스마트 선반 시스템을 도입하기도 했다. 이 디지털화된 선반의 QR코드를 태그하면, 고객이 현재 선반에서 보고 있는 제품들의 실시간 가격이나 고객 맞춤형 할인 정보를 제공했다. 이렇게 리테일 분야에서도 AI를 접목하여 개별 고객들과 상호소통하고, 그 결과로 나온 데이터를 분석해 맞춤형 할인 정보를 제공하는 세상이 곧 열릴 것이다.

리테일 분야의 AI 도입은 고객 데이터의 심층 분석을 바탕으로 개인화된 경험을 전달하는 일을 오프라인 상황에서도 가능하게 만들었다. 이미 오래전부터 아마존과 넷플릭스 같은 온라인 서비스들은 자체 개발한 AI시스템을 통해 깊이 있게 고객의 '취향'을 분석하고, 이를 기반으로 개인화된 경험을 전달하며 성장해왔다. 이제는 오프라인 리테일 상황에서도, AI기술들을 통해 고객 데이터를 수집하고 분석하여 각 방문자에게 최적화된 고객 경험을 전달하는 다양한 시도들이 이뤄질 것이다.

AI는 매장에 설치된 CCTV 영상을 분석하고, 매장은 센서나 비콘 기반의 위치 분석 기술을 사용하여 각 고객의 움직임을 실시간으로 모니터링하게 될 것이다. 이렇게 다양한 방식으로 습득되고 수집된 데이터를 기반으로 AI는 특정 고객이 매장의 어느 구역에 가장 오래 머무는지, 어떤 동선으로 이동했는지, 무슨 물건들을 집중적으로 살펴보았는지 같은 정보들을 쏟아낼 것이다. 이런 정보들을 기반으로 리테일매장들은 고객들에게 어떤 할인 정보를 스마트폰으로 사전에 전달할지 결정하고, 개개인의 이동 경로에 맞춰진 디지털 사이니지로 개인화된 메시지를 전달하는 시도들을 만들어갈 것이다.

현대백화점, 코카콜라의 사례처럼 AI기술의 사용으로 리테일 브랜드들은 다양한 고객 데이터를 심층 분석하여 고객경험 향상에 반영하고 있다. AI를 기반으로 구축된 데이터는 매장의 운영을 최적화하고, 매출을 극대화하고, 비용을 절감하는 데 다시 활용될 수도 있다.

고객 데이터 확보를 위한
오프라인 공간의 탄생

AI를 기반으로 한 고객 데이터 분석의 중요성은 앞으로 오프라인 공간의 역할에 큰 변화를 불러올 것이다. 제품 정보들을 온라인에서 더 깊이 있게 획득하고, 클릭 몇 번만으로 거의 모든 물건을 배송받을 수 있는 시대다. 오프라인 공간은 지금처럼 많은 물건을 비치하고 판매하는 형태로는 운영될 수 없다. 이에 많은 오프라인 매장들이 공간 내에서 이뤄지는 고객들의 소비 데이터를 확보하려고 시도 중이다. 오프라인을 단순하게 물건을 파는 곳을 넘어 생생한 고객 데이터를 확보하는 장소로 변화시켜가겠다는 의도로 읽힌다.

대표적인 사례가 2015년에 설립된 미국의 신개념 체험형 매장 베타(b8ta) 스토어다. 2022년 미국 내 매장은 종료됐지만, 일본 내 매장들은 여전히 성업 중이다. 이 매장은 다양한 상품을 비치해서 판매하는 대신에 매장 내 신제품들을 적극적으로 소비자들이 체험하도록 돕고, 그 과정에서 획득한 데이터에 집중하는 형태로 운영된다. 매장마다 천장에 설치된 AI카메라를 통해 고객의 움직임과 제품의 상호작용을 수집하고 분석한다.

동시에 '베타 테스터'로 불리는 매장 직원들이 제품 구매를 강요하는 대신에 소비자들의 체험을 돕도록 훈련받는다. 이들은 소비자들과 자연스럽게 소통하면서 제품에 대한 소비자들의 반응을 수집하고 데이터화한다. 베타는 매장에서 물건을 파는 것이 아니라, 고객 정보들을 취합하고 이 정보들을 매장 내 자신의 물건을 비치한 제조사들에 전달하는 역할을 한다. 그리고 제품의 판매 수량과 관계없이 입점사들을 상대로 정액제를 운영하는 식으로 수익을 내는 시도를 해오고 있다.

앞으로 다양한 오프라인 매장에서 AI기술과 매장 직원들 간 협력으로 고객 데이터를 확보하는 시도들이 이뤄질 것이다. 판매보다는 고객경험이 더 중요해진 디지털 전환시대다. 삼성스토어에 방문한 사람은 '무슨 물건을 구매하러 오셨습니까?'라고 질문하는 매장 직원이 아니라, 고객 데이터를 수집할 수 있는 AI 연동 기기로 무장한 매장 직원을 만나게 될지 모른다.

온라인으로 기반으로 한 리테일 서비스 역시 마찬가지다. 과

베타 스토어

거에는 웹사이트에 나와 있는 번호로 전화를 해서 상담원에게 제품이나 서비스에 관해 단순 질문을 하는 형태로 교류가 이뤄졌다. 하지만 이제는 자체 웹사이트의 채팅창을 통해서 고객들이 질문을 던지고, 그 질문들은 분석되어 추후 고객경험 혁신을 위한 데이터로 사용되는 시대다. AI기술을 기반으로 한 챗봇 도입으로 나온 결과들은 실시간으로 분석되어 고객경험 혁신을 위해 활용될 것이다.

소비자는 누구 앞에서 더 자신의 정보를 드러낼까

향후 리테일 상황에서 서비스 직원의 역할은 빠르게 변화해나갈 것이다. 과거 이들의 역할은 오프라인 공간에 비치된 제품에 대해 전문적인 설명을 하거나 판매를 촉진하는 다양한 리테일 전략의 수행에 초점이 맞춰져 있었다. 디지털 전환시대에는 서비스 직원이 온라인과 오프라인을 넘나들며 고객들의 질문과, 소통 과정에서 발생하는 데이터들을 분석하여 깊이 있는 고객경험을 전달하는 역할을 수행해야 한다.

이러한 상황에서 AI와 인간 직원이 어떠한 방식으로 상호작용하여, 리테일 상황에서 고객들의 데이터를 잘 확보하고 분석할 수 있을지에 대한 연구들이 진행되고 있다. 특히 리테일 상황에서 고객 관찰이나 소통 과정에서 발생하는 이야기들을 기반으로 한 고객 데이터 확보는 소비자들의 프라이버시 침해와 깊은 연관이 있다. 남덴마크대학교, 로드아일랜드대학교, LUT대학교, 자르브뤼켄 자를란트대학교의 공동연구진들은 여러 리테일 환경에서 AI 서비스 직원과 인간 서비스 직원의 존재가 소비자의 프라이버시 우려에 차별화된 영향을 주는지에 대해 일련의 연구를 진행하여, 그 결과를 2025년 〈저널 오브 리테일링(Journal of Retailing)〉에 발표한다.

리테일에서 더 높은 고객경험을 전달하기 위해서는 소비자들이 직간접적으로 제공하는 개인정보에 의존하게 될 수밖에 없다. 이로 인해 소비자는 자연스럽게 개인정보 보호에 민감해질 우려가 있다. 연구자들은 리테일 상황에서 타인의 존재 인식 자체가 프라이버시 침해 또는 감시받고 있다는 인식을 높일 수 있다는 점에 착안해, AI 직원과 인간 직원의 존재 인식이 소비자의 프라이버시 인식에 어떠한 영향을 주는지를 살펴봤다.

연구자들은 꽃집, 인테리어 업체, F&B 분야, 약국 등 다양한 리테일 상황을 기반으로 실험을 진행한다. 참가자들은 리테일 상황에서 AI 직원이 존재하는 경우와 인간 직원이 존재하는 경우, 두 가지 조건 중 하나에 노출되었다. 예를 들어, 참가자들은 친구의 생일을 위해 온라인 꽃집에서 주문하려는 상황을 떠올리며, 한 꽃집 웹사이트와 관련된 정보에 노출된다. 이 온라인 리테일매장에서는 '가상 선물 도우미' 서비스가 제공되며 제품 정보, 배송 시간 등 다양한 정보들을 실시한 채팅으로 얻을 수 있다. AI 직원이 존재하는 조건에서는 이 가상 도우미 서비스가 AI에 의해 운영된다고 설명되고, 인간 직원이 존재하는 조건에서는 인간에 의해 운영된다고 설명되었다.

일련의 연구들을 바탕으로 연구자들은 참가자들이 AI에게 응대받는다고 여겨질 때 자신의 개인정보를 더 흔쾌히 노출시킨다는 점을 발견한다. AI가 리테일 상황에서 고객을 주도적으로 응대한다고 믿어지는 환경에서 소비자들이 개인 프라이버시 침해에 대한 우려를 덜 느끼는 것이다. 그리고 개인 프라이버시 침해에 대한 낮은 우려가 매장의 재방문율을 높이는 효과를 불러왔다는 것도 발견한다.

연구자들은 이러한 연구결과를 심리적 반발 이론(Psychological Reactance Theory)을 통해서 설명한다. 심리적 반발 이론은, 인간은 누구나 자유를 침해받는 것에 불편함을 느끼고 만약 침해받을 경우 자유를 회복하거나 보호하려는 동기가 강하게 발현된다는 이론이다. 리테일 상황에서 단순하게 서비스 직원의 개입이나 존재 여부 자체가 소비자에게 프라이버시 침해라는 자신의 자유에 대한 위협요소로 인식될 수 있다.

연구자들은 인간 서비스 직원의 개입이나 존재 여부가 AI 서비스 직원의 경우보다 자유를 침해받는다는 불편함을 더 키운다는 것을 발견했다. 그리고 이러한 차이점이 서비스 직원(AI vs 인간)이 소비자들에게 가지는 권력에 대한 인식 차이에서 발생할 수 있다고 설명했다. 소비자는 AI 직원이 인간 직원보다 자신에게 특정 행위를 억지로 유도하는 권력이 약하다고 판단하는 경향이 높고, 이로 인해서 상대적으로 AI 직원이 존재하거나 응대하는 상황에서 심리적으로 부정적인 반발 효과가 낮아진다는 것이다.

본 연구는 AI 혁신기술들이 리테일환경에 도입되는 상황에서 유의미한 시각을 제공해준다. 리테일매장을 운영하는 기업들은 고객들이 느끼는 프라이버시 우려를 줄일 수 있는 전략을 수행해야 한다. 흥미로운 점은 인간 서비스 직원의 존재와 개입보다, AI 서비스 직원의 존재와 개입이 상대적으로 소비자들의 프라이버시 우려를 낮춰줄 수 있다는 점이다. 따라서 기업들은 다양한 리테일 상황에서 고객들의 개인정보를 취합할 때 태블릿 PC 같은 전자기기로 관련된 내용들을 수집하는 편이 더 나을 수 있다.

또한 기업은 AI 직원과 인간 직원의 효율적인 상호활용 방안에 대해서 깊이 있게 고민해봐야 한다. 결국 중요한 것은 전체적인 고객경험 향상이다. 고객경험 단계 중 구매 이전 단계에서는 다양한 고객 개인정보를 얻어내는 일이 중요하다. 따라서 이 단계에서는 가능한 AI기술을 사용해 고객을 응대하는 것이 좋을 수 있다. 구매 이후 단계 때는 소비자들이 느끼는 프라이버시 침해에 대한 민감도가 상대적으로 줄어들 것이기에, 이 단계에서는 적극적으로 인간 직원을 활용하는 형태가 나을 수 있다. 이렇게 AI와 인간 직원 모두를 효율적으로 이용하는 전략을 만들어내는 것이 중요하다.

소비자가 매장 직원들을 감시자가 아닌 도우미로 인식할 때, 더 많은 정보를 공유하고 더 자주 리테일매장에 방문하게 된다. 다양한 AI기술의 활용을 통해 응대 자체를 '침해'보다는 '깊이 있는 도움'으로 이해하도록 만들어야 하는 이유다.

AI큐레이터가 되어가는 이케아

AI를 통한 리테일 혁신의 또 다른 축은, AI기술로 오프라인 리테일공간의 단점을 보완하는 형태로 진행될 것이다. 이케아의 고객경험 혁신 시도가 가장 적절한 사례라 하겠다. 이케아는 잘 꾸며지고 관리된 거대한 오프라인 공간에서 최적의 쇼핑경험을 전달하는 것을 넘어서, 오프라인 공간에서 해결하지 못하는 문제점을 기술적으로 해결하고자 노력해왔다.

예를 들어 이케아의 오프라인 매장에 방문해서 마음에 드는 가구를 발견했다고 해보자. 가구의 구매를 결정할 때 가장 고민되는 지점 중 하나는, 이 가구가 우리집 인테리어와 잘 어울릴지, 이미 가지고 있는 다른 가구들과 자연스럽게 동화될지다. 이케아는 구매 직전 오프라인 공간에서 고객들이 갖는 이 문제를 해결하기 위해 모바일앱 이케아 플레이스(IKEA Place)를 고안했다. 이케아 플레이스는 증강현실(AR) 기술을 기반으로 작동한다. 사용자는 휴대폰으로 집 안을 찍은 사진들에 이케아 가구들을 가상으로 배치해볼 수 있다. 한마디로 앱을 깔아 집 안에 가구를 둘곳을 미리 찍은 후 구매 여부를 고려 중인 이케아 가구를 찾아서 클릭하고 앱을 작동시키면, 그 가구가 놓였을 때의 느낌을 미리알 수 있다.

2022년부터는 '이케아 크리에이티브(IKEA Kreativ)'라는 AI 인테리어 도구를 도입했다. 이 서비스는 기존의 이케아 플레이스로 전달되던 AR 시뮬레이션을 넘어서, 고객이 자신의 공간을 스마트폰 카메라로 촬영하면 해당 이미지를 바탕으로 3D 모델을 생성해준다. 소비자는 자신의 집 구조에 맞게 가구를 자유롭게 배치하거나 제거하고, 색상이나 스타일을 교체해보며 가상으로 '집 꾸미기'를 체험할 수 있다.

이 기술의 핵심은 '내 공간'을 디지털화해주고 여기에 맞춰 이케아의 제품을 직관적으로 제안하며 해당 공간에 맞게 시각화해준다는 데 있다. 예를 들어 벽면이나 바닥의 각도와 깊이, 조명 조건까지 고려된 상태에서 책상을 배치해볼 수 있고, 마음에 들면 해당 구성을 저장한 뒤 오프라인 매장에서 그대로 구매할 수 있다. 공간의 용도, 면적, 원하는 스타일 등을 선택하면, 사용자는 자신의 공간에 가장 잘 어울리는 이케아 가구들을 추천받고 가상 공간에서 꾸며볼 수 있다.

소비자의 입장에서는 가구 구매라는 고관여(high-involve-ment: 제품이나 서비스에 대해서 느끼는 관심과 중요성이 높은 상황) 의사 결정과정에서 '정보 탐색 → 상상 → 구매'의 여정을 AI가 도와주는 셈이며, 이케아 입장에서는 구매 전환율을 높이고 반품을 줄이는 전략적 효과를 얻을 수 있다.

이러한 AI 기반 공간 시뮬레이션은 이케아가 단지 가구를 파는 기업이 아니라 '삶의 공간을 설계해주는 브랜드'로 포지셔닝하는 데 중요한 역할을 하고 있다. 고객 스스로가 자기만의 공간을 만들 수 있도록 돕는 'AI큐레이터'의 역할을 수행하는 것이다. 이케아는 오프라인 공간에서 가구를 보여주고 판매하는 리

테일기업이지만, 이런 AI기술들을 적극 도입해 오프라인에서
발생할 수 있는 고객들의 다양한 불편함을 완화시키고 있다.

기술을 통한 상상력의 실현

AI 기반 공간 시뮬레이션은 이케아만의 전유물이 아니다. 아마
존과 웨이페어(Wayfair) 역시 디지털 전환전략의 일환으로 AI 및
AR 기반 인테리어툴을 적극 도입하며, 소비자에게 몰입감 있는
가상 쇼핑경험을 제공하고 있다. 아마존은 2020년 룸 데코레이
터(Room Decorator)라는 AR 기반 인테리어 시뮬레이션 기능을
선보였다. 이 기능은 사용자가 스마트폰이나 태블릿을 통해 자
신의 공간을 실시간 카메라로 비추면, 해당 공간 위에 아마존에
서 판매 중인 가구나 인테리어 소품을 즉시 3D로 배치해볼 수
있도록 돕는다. 사용자는 제품이 놓인 모습을 다양한 각도에서
확인하는 동시에 여러 개의 아이템을 겹쳐서 시뮬레이션할 수
있다. 제품을 위시리스트나 장바구니에 담아두는 것도 가능하
다. 이케아 크리에이티브가 보다 정교한 공간 분석과 가구 배치
를 중시한다면, 아마존의 룸 데코레이터는 속도와 편의성에 주
안점을 두었다고 볼 수 있다. 특히 아마존의 광범위한 상품군과

추천 알고리즘이 결합되어 AR 시뮬레이션 도중에도 관련 상품을 제안하는 등 구매 전환에 초점을 맞춘 설계가 돋보인다.

웨이페어는 인테리어 분야에 특화된 미국의 이커머스기업으로 'View in Room 3D' 기능을 통해 AR 기반 제품 배치 시뮬레이션을 제공해왔다. 그러나 웨이페어는 더 나아가 AI이미지 분석과 스타일 예측 알고리즘을 결합하여 사용자 취향 기반의 인테리어 추천 서비스를 구현하고 있다. 특히 사용자가 기존에 구매한 상품이나 저장한 이미지 또는 웹 서핑 중 발견한 인테리어 사진을 업로드하면, AI가 이를 분석하여 특정 인테리어 스타일(예: 미드센추리, 스칸디나비아, 보헤미안 스타일 등)을 자동으로 판별하고, 이에 맞는 상품들을 큐레이션해준다. 이는 단순한 제품 배치 시뮬레이션을 넘어, 디자인 감성과 미적 취향까지 반영하는 맞춤형 경험으로 진화하고 있는 사례라 할 수 있다.

이러한 사례들은 모두 기술을 통한 상상력의 실현, 즉 소비자가 자신의 공간을 시각화하고 개인화된 구매 결정을 할 수 있도록 돕는 AI 활용전략의 일환이다. 이케아는 자신만의 방을 설계하는 디자인 도구에 가깝고, 아마존은 실시간 제품 배치로 빠른 결정을 돕는 판촉원이며, 웨이페어는 취향 기반 큐레이션을 제공하는 스타일 조언가라 할 수 있다.

AI 스타일리스트들의 등장

패션 유통사 또한 그들이 운영하는 리테일공간 내에서 AI기술을 도입해 고객의 불편함을 해결해나가고 있다. 다양한 옷을 구경하고 싶지만 막상 많은 옷들을 탈의실에서 갈아입는 것이 귀찮을 때가 있다. 그런 소비자들의 불편사항을 해결하고자 유니클로는 매장 내 증강현실 기술을 활용한 버츄얼 트라이온(Virtual Try-On) 서비스를 운영했다. 고객들은 직접 입어보는 수고로움 없이 매장에 있는 다양한 의상들을 착장한 모습을 AR미러를 통해 볼 수 있다. 구글은 지난 2024년 9월, 가상 착용 기능을 위해 특별히 개발된 생성형AI 디퓨전(Diffusion)을 통해 앞으로는 복잡한 디테일과 더 많은 신체 부위를 정확하게 반영하는 가상 착용 기능이 확대될 것이라고 발표했다.

2011년 미국 샌프란시스코에서 설립된 개인화 기반 온라인 패션몰 스티치픽스(Stitch Fix)도 AI를 도입해 고객경험을 향상시키고 있다. 이들의 차별점은 전통적인 쇼핑몰의 방식이 아닌, 고객 맞춤형 '스타일 박스'를 정기 배송하는 구독형 모델을 운영하는 데 있다. 즉 사용자가 스타일 취향, 신체 사이즈, 예산, 라이프스타일 등을 포함한 설문지를 작성하면, 스티치픽스는 이를 바탕으로 AI알고리즘과 전문 스타일리스트의 협업을 통해 옷과

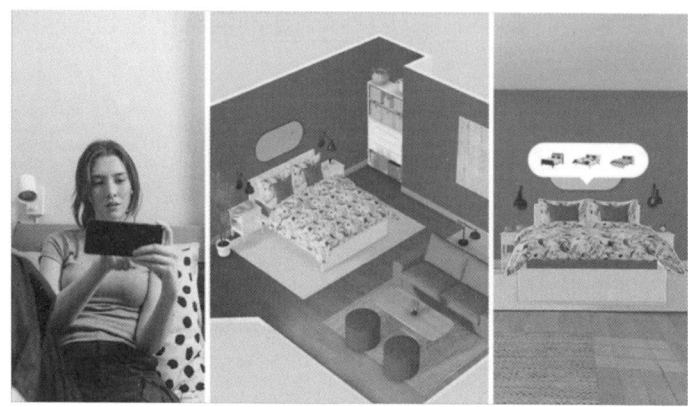

이케아 크리에이티브

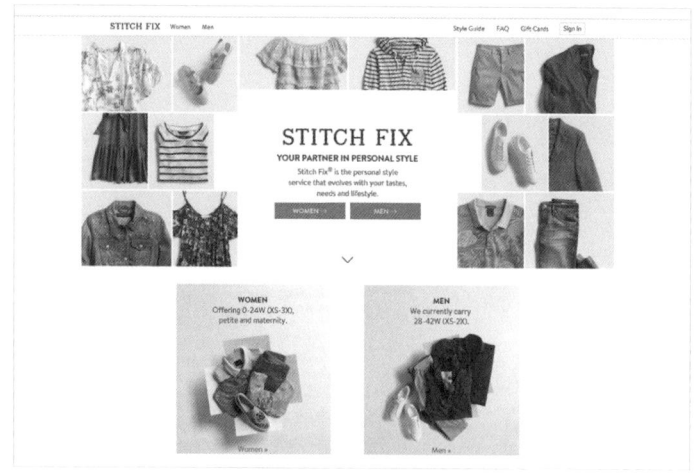

스티치픽스의 '스타일 박스'

액세서리를 구성해 보내준다. 고객은 배달된 제품 중 마음에 드는 제품만 구매하고, 나머지는 무료 반품할 수 있다.

스티치픽스의 성공은 당연히 AI기술의 고도화에 있다. 고객들이 끊임없이 제품을 반품하면 사업 운영에 문제가 생긴다. 그래서 AI를 통해 고객의 취향에 철저하게 맞춰진 상품 배송이 가장 중요하다. 스티치픽스는 수천만 건의 스타일 피드백, 구매 이력, 사이즈 데이터, 제품 리뷰 등을 학습한 AI알고리즘을 바탕으로 고객의 취향을 분석한다. 기계가 놓친 부분을 보완하기 위해서 수천 명의 전문 스타일리스트가 최종적으로 조정하는 구조다. 이처럼 스티치픽스의 차별화 요소는 인간의 직관과 AI기술의 효율성 사이에서 완벽한 균형을 맞추려고 끊임없이 노력한데 있다.

2022년 이후 스티치픽스는 더 나아가 생성형AI를 활용한 스타일 제안에 혁신을 가하는 시도를 해오고 있다. 스티치픽스가 생성형AI를 활용하는 방식 중 하나는, 고객이 공유한 스타일 취향과 체형에 대한 피드백을 바탕으로 개별 고객들에게 가장 어울리는 의류 아이템을 선별해내는 것이다. 이렇게 선별된 추천 아이템은 전문 스타일리스트에게 전달되며, 이를 바탕으로 스타일리스트는 해당 고객에게 최적화된 최종 스타일 구성을 완성한다. 스티치픽스는 수천 가지의 의류 아이템을 보유하고 있기 때문에 이와 같은 AI 기반의 초기 추천 과정은 스타일리스트의 시간을 절약해준다. 덕분에 스타일리스트는 고객의 개별적인 스타일 니즈에 더욱 집중할 수 있는 여유를 가지게 된다. 스티치픽스는 대규모언어모델과 자사의 딥러닝 기반 추천 알고리즘을 결합해 고객이 남긴 피드백을 해석하고, 이를 바탕으로 향후 추천에 반영하는 시도를 하고 있다. 다시 말해, 생성형AI는 고객의 피드백을 스티치픽스의 추천 시스템이 더 쉽게 이해할 수 있는 형태로 변환해주는 역할을 한다.

또한 스티치픽스는 오픈AI의 DALL-E 2를 활용해 고객이 '핑크색 보헤미안 블라우스' 혹은 '어깨가 강조된 미니멀 재킷'처럼 본인이 원하는 스타일을 텍스트 형태로 입력하거나, 핀터레스트에서 가져온 스타일 이미지를 넣으면 새로운 디자인을 이미지로 생성하는 방식도 실험 중이다. 이러한 고객 정보는 스타일리스트에게 전달되고, 스타일리스트는 기존 카탈로그를 넘어서는 감성적이고 창의적인 룩을 추천할 수 있게 된다. 또한 고객에게는 자신의 영감을 실현시키는 주체적 방식의 제안이 가능해진다. 아직 정식으로 출시된 서비스는 아니지만 스티치픽스는 생성형 AI와 그들의 서비스를 결합시키는 실험들을 적극적으로 해나가고 있다.

오프라인 매장의 단점,
'웨이팅'을 해결하라

언제든 스마트폰으로 제품에 대한 정보를 얻고 구매를 결정하고 결제를 할 수 있는 온라인에 비해, 오프라인 공간의 가장 큰 단점 중 하나는 웨이팅이다. 오프라인 리테일공간에 많은 방문객이나 이용객이 있는 경우, 서비스 응대를 받을 때 우리는 긴 기다림에 지치곤 한다. 이제는 많은 리테일매장들이 AI시스템을 통해서 이 웨이팅을 최적화하여 고객경험을 향상시키고 있다.

대표적인 곳이 월트디즈니컴퍼니다. 월트디즈니컴퍼니는 AI 기반 실시간 휴가 계획 도우미 '지니(Genie)'를 출시한다. 자사가 운영하는 디즈니랜드를 이용하는 고객들의 가장 큰 불편함이 긴 대기줄인 것을 파악하고, 대기시간을 최소화해야 고객경험 혁신을 극대화할 수 있다고 판단한 것이다. 디즈니랜드 방문객이 지니 앱을 이용하면, 고객들의 손목에 있는 디즈니 매직밴드와 연동되어 놀이기구별 대기시간과 밀집 수준, 식사시간 같은 정보들을 고려하여 최적의 일정을 실시간으로 제공해준다. 고객들은 그 정보를 바탕으로 가장 효율적인 동선이나 일정을 짤 수 있다.

전 세계 최대 커피 프랜차이즈 스타벅스는 가장 적극적으로 AI를 도입해 고객의 기다림을 최소화해나가고 있다. 스타벅스는 자사 AI플랫폼인 딥브루(Deep Brew)를 활용하여 매장 웨이팅과 운영을 혁신하고 있다. 딥브루는 매장별 과거 매출패턴, 날씨, 지역 이벤트, 모바일 주문량, 드라이브 스루 수요 등을 실시간으로 분석해 직원 배치와 근무 일정을 자동으로 조정해준다. 그 결과, 고객들이 많이 몰리는 소위 피크타임에 대응할 수 있는 직원들이 매장에 충분히 확보되어 고객의 대기시간이 줄어든다. 반대로 매장이 한가할 때는 인력을 축소해 효율성을 극대화할 수 있다.

또한 스타벅스는 AI 웨이팅 최적화 시스템을 구축해 바리스타에게 최적의 제조 순서를 제안한다. 시스템이 바쁜 시간대에 반복되는 주문 유형에 따라서 가장 효율적인 제조 절차를 자동으로 제안하여, 바리스타들이 원활하고 신속하게 고객 응대를 할 수 있도록 돕는 것이 핵심이다. 딥브루는 고객의 데이터를 심층 분석해서 맞춤형 음료 제안과 그에 따른 프로모션을 제공하기도 한다.

물론 이런 AI시스템에만 의존하는 것은 아니다. 스타벅스는 사이렌 크래프트 시스템(Siren Craft System)으로 매장을 운영한다. 단순히 업무 효율을 높이는 수준을 넘어 파트너들이 과도한 업무부담 없이 고객을 응대하도록 돕는 것이 핵심이다. 이 시스템에서 피크타임의 매장 전체를 모니터링하며, 바리스타들이 필요할 때 즉시 도움을 제공하는 전문 지원 인력인 피크 플레이 콜러(Peak Play Caller)도 길러낸다. 피크 플레이 콜러는 스타벅스의 디지털툴을 통해 손님이 몰리기 전에 미리 병목 구간을 파악하고 적극적으로 바리스타를 돕는 전략들을 그때그때 만들어나간다. 주문부터 제조까지 이르는 전 단계를 디지털화한 결과, 2024년 5월 스타벅스의 자체 발표에 따르면 미국 내 1160개 매장에서 적용된 이 시스템은 고객 대기시간을 획기적으로 줄였다. 고객이 느끼는 서비스 체감 속도 역시 유의미한 개선 효과를 가져왔다고 한다.

스타벅스의 사례는 리테일 현장에서 AI기술에만 의존하는 것이 아니라, 인간 중심의 유연한 역할 설계와 실시간 대응력을 함께 강화해야 한다는 점을 보여준다. 인간과 기계 간 이상적인 균형점을 찾아나갈 때 최적의 고객경험을 전달할 수 있는 것이다. 이처럼 AI기술은 오프라인에서 발생할 수 있는 고객들의 불편함을 디지털화로 보완하고 완화해주며 최적의 고객경험을 선사할 것이다.

AI가 탑재된
다양한 로봇 매장의 명암

리테일 상황에서 AI기술이 활발하게 활용되는 상황 중 하나가 AI로봇의 활용이다. 서울, 도쿄, 뉴욕 같은 대도시의 리테일매장에서는 다양한 AI로봇들이 매장 내 단순반복업무를 수행하고 있다.

도쿄의 편의점, 호텔 같은 리테일공간에 가면 AI로봇들을 만날 수 있다. 일본 최대 유통기업 중 하나인 이온(AEON) 그룹은 2014년부터 소프트뱅크 로보틱스(SoftBank Robotics)와 협업하여 감정 인식 로봇 '페퍼(Pepper)'를 도입했다. 이들은 안내 정보를 고객에게 전달하거나 프로모션 영상을 송출하는 등의 다양한 리테일 상황에서, 고객과 감정 기반 상호작용을 하는 용도로 사용되고 있다.

최근 일본 경제산업성은 '신로봇전략'의 일환으로 도쿄 시내 패밀리마트와 이온이 운영하는 일부 리테일매장들에 다양한 로봇들을 적극적으로 시범 도입하기 시작했다. 이곳에서는 페퍼 외에도 식품을 나르는 배송 로봇, 청소를 자동으로 수행하는 자율주행 로봇, 그리고 진열 상태를 모니터링하고 부족한 재고를 다시 채워주는 역할을 하는 센서 기반의 로봇들이 테스트되고 있다.

　문제는 이러한 AI를 기반으로 한 로봇 시스템이 항상 좋은 결과를 가져오지 않는다는 점이다. 국내에서 한화호텔앤드리조트의 계열사 한화푸드테크가 운영하던 로봇 우동 가게 '유동'이 서울 종로구에 문을 연 지 약 한 달 만에 문을 닫은 것이 대표적인 사례다. 유동은 자동화 로봇 조리 기술이 접목된 식당으로, 24시간 무인으로 운영되어왔다. 인건비를 절약한 대신 우동 가격을 대폭 낮추었지만 그것만으로는 사람들을 끌어당기지 못했다. 로봇이 파스타를 조리해주는 콘셉트로 한남동 부촌에 열린 이탈리안 레스토랑 '파스타 X' 역시 비슷한 이유로 개점 1년 만에 문을 닫았다.

　해외에서도 AI 로봇만 앞세운 리테일공간들이 많이 사라졌다. 2015년에 론칭된 줌피자(Zume Pizza)는 모바일로 피자 주문이 들어오면 AI알고리즘을 기반으로 배달 트럭 안에서 빠르게 피자를 만들어 고객의 문 앞으로 배달한다는 걸 차별화 포인트로 내세웠다. 덕분에 소프트뱅크로부터 3억 7500만 달러의 투자를 유치했지만, 수익을 실현하지 못하고 2023년 완전히 사업을 접었다. AI와 로봇이란 기술 혁신에 집중하다보니 맛 같은 기본 요소에 신경쓰지 못한 것이 실패의 주요한 원인으로 뽑힌다.

　2015년 미국 샌프란시스코에 설립된, 로봇 바리스타가 커피를 만드는 카페X도 마찬가지다. AI로봇이 커피를 만드는 무인 카페 콘셉트로 커피 가격을 2.25달러 수준으로 낮추며 2018년 1400만 달러 이상의 투자를 유치했지만, 시범 운영되던 매장들이 전부 대중화에 실패하며 시장에서 쓸쓸하게 사라졌다. 커피 구매는 단순하게 카페인 음료를 먹는 것을 넘어서서 '누군가가 정성스럽게 나를 위해 만들어주는 느낌'이 전달되어야 하는데, 로봇 바리스타의 존재가 그런 소비자들의 핵심감정을 반영하지 못해 반감을 일으켰다. 카페X의 서비스는 빠르고 가격은 저렴했지만 그게 전부였다. 결국 사람들은 빠르고 싸다는 이유만으로 카페를 가지 않는다는 사실을 보여주는 사례다. 무엇보다 AI로봇으로 인한 완전 자동화가 결국 리테일 분야에서 중요하게 여겨지는 고객경험을 전달하지 못한다면 언제든 실패할 수 있음을 시사한다.

초개인화와 정확성을 기반으로 한
로봇의 고객경험 혁신

반대로 로봇 개발 스타트업 로브로스가 시범 운영한 24시간 무인 로봇 카페 '베러 댄 유어스(BETTER THAN YOURS)'의 사례는 눈여겨볼 만하다. 로브로스는 서비스 분야에 특화된 로봇을 연구하며 개발하는 회사로, 그들의 로봇을 테스트하기 위해 성수동에 파일럿 매장인 베러 댄 유어스를 운영해 좋은 반응을 이끌어냈다.

우선 베러 댄 유어스는 이름을 그대로 해석하면, '내 것이 네 것보다 낫다'라는 뜻이다. 매장명 그대로 그들의 주력한 지점은 개인화된 경험을 주는 것이었다. 로봇이 운영하는 무인매장이기 때문에 내부의 키오스크나 모바일을 통해서 주문이 이뤄지는데, 고객은 다양한 재료들을 이용해서 자신만의 음료를 제조해 먹을 수 있다. 흥미로운 것은, 음료에 어떤 재료가 얼마나 들어갔느냐에 따라 가격이 계산된다는 사실이다. 이곳의 에스프레소는 2000원에 팔면 되는 것을 1972원에 판매한다. 한마디로 왜 이곳이 로봇에 의해서 운영되어야 하는지를 매장경험으로 전달하는 셈이다. 베러 댄 유어스는 개개인이 자신들이 원하는 형태로 음료를 정확하게 제조하는 경험을 주는 것이 목표이고, 그런 정확성을 제공하기 위해서 로봇을 이용한다는 것을 보여준다.

동시에 개인화된 정확성에 대한 경험을 강조하는 다양한 이벤트들도 끊임없이 열어서 좋은 반응을 일으켰다. 예를 들어 방문객들은 매장에 예쁘게 디자인된 자신이 만든 음료에 이름을 짓고 다양한 스티커로 꾸며서 매장 한편에 진열할 수 있다. 소비자

베러 댄 유어스의 '당신의 잘난 점을 공유해주세요' 캠페인

가 자신을 드러낼 수 있는 이벤트들도 주기적으로 열렸는데, '당신의 잘난 점을 공유해주세요(Share your confidence)' 캠페인이 대표적 예다. 이 매장은 성수동에서 성공적으로 운영되며 이른바 팬덤을 거느린 카페로 성장했고, 디자인 분야에서 권위 있는 독일 IF디자인어워드 2024에서 3개 주요 부문을 수상하는 영광을 누렸다. 결국 매장에서 AI로봇을 사용한다는 사실보다 AI로봇을 이용하여 어떤 고객 만족 경험을 전달할지 보여주는 것이 더 중요하다.

AI를 기반으로 한
스마트 제조기술 혁신의 등장

AI기술의 발전은 매장에서의 혁신만을 가져오는 것이 아니다. 제품을 만들어내는 과정, 제품을 분류하고 배송하는 공정에서의 혁신도 빠르게 일어나고 있다.

AI기술로 인해 공장들은 나날이 똑똑해지고 있다. 흔히 스마트 팩토리(Smart Factory)라고 불리는, 제조 공정의 자동화와 데이터 기반의 의사결정을 극대화한 제조 생산 체계는 오늘날 모든 제조사가 추구하는 공장의 미래상이라 할 수 있다. 특히 딥러닝, 머신러닝, 컴퓨터 비전, 자연어처리 등의 기술이 접목되면서 생산성과 유연성, 품질 제어 측면에서의 혁신들이 제조 공장 내부에서 일어나고 있다.

스마트 팩토리의 주요 특징 중 하나는, 지능형 로봇 시스템을 통해서 인간 작업자의 부담을 줄이고 생산속도를 향상하는 데 있다. 아마존은 AI로봇을 활용하여 스마트 팩토리를 구현하는 대표적인 기업이다. 아마존의 로봇 시스템은 크게 세 가지로 나뉜다. 첫 번째는 공장의 모바일 운반 로봇(Autonomous Mobile Robots, AMR)들이다. 타이탄(Titan)이란 모바일 운반 로봇은 최대 1133킬로그램에 달하는 물건을 운반할 수 있다. 그런가 하면 로빈(Robin)이라는 로봇 팔 시스템은 컨베이어벨트에서 끊임없이 흘러가는 패키지를 집어서 다른 운반용 로봇에 적재하는 역할을 한다. 운반이나 분류가 아닌, 통합 시스템 쪽에서 역할을 하는 로봇들도 존재한다. 세쿼이아(Sequoia)라는 로봇은 AI와 로봇, 컴퓨터 비전을 통합한 시스템으로, 재고를 최대 75퍼센트 빠르게 식별하고 이를 데이터화하는 능력을 가지고 있다.

AI기술의 혁신으로 로봇의 기능은 나날이 업데이트되고 있다. 아마존은 2025년 촉각 기능을 갖춘 로봇 '벌칸(Vulcan)'을 공개하기도 했다. 과거에는 공장에서 활동하는 로봇들이 예상치 못한 무엇인가에 부딪히는 식의 접촉이 발생해도 이를 무시하고

아마존 스마트 팩토리의 AI 로봇들

제조 공정의 자동화와 데이터 기반의 의사결정을 극대화한 제조 생산
체계는 오늘날 모든 제조자가 추구하는 공장의 미래상이라 할 수 있다.

작업을 진행하는 경우가 많았다. 인간과 달리, 미세한 접촉에 대한 감지 능력이 로봇에게 없었던 것이다. 다양한 물품을 다루는 아마존 입장에서 포장지의 감촉이나 천 소재 제품들의 미세한 표면을 인식할 수 있는 벌칸 같은 로봇의 존재는 더 복잡한 공간에서 공정의 효율을 높일 수 있음을 의미한다.

2025년 5월 아마존의 자체 발표에 따르면, 아마존의 스마트 팩토리에서 로봇의 역할은 절대적이고 지난 10여 년 동안 아마존은 75만 대 이상의 로봇을 도입해왔다고 한다. 그리고 이 로봇들이 고객의 전체 주문 중 75퍼센트를 처리하는 데 핵심적인 역할을 하고 있다.

스마트 팩토리의 또 다른 혁신

스마트 팩토리의 또 다른 혁신은 AI를 통한 생산 계획과 수요 예측의 최적화에 있다. AI는 소비자들의 트렌드 변화, 계절성, 과거의 수요 데이터 등을 학습하여 정확한 수요 예측을 수행할 수 있다. 앞으로 제조 공장은 이러한 AI를 기반한 생산 계획 수립을 토대로 재고 과잉 또는 부족에서 벗어날 수 있을 것이다. 특히 AI 기술의 발전은 디지털 트윈 개념을 통해서 실제 물리적 시스템,

공정 또는 자산의 정확한 가상 복제본을 만들어내고 생산 계획과 수요를 예측해나갈 것이다.

대표적으로 엔비디아는 옴니버스(Omniverse)라는 플랫폼을 통해서 디지털 트윈 기술을 선도하고 있다. BMW는 이러한 옴니버스 플랫폼을 적극 활용해, 헝가리 데브레첸 지역의 전기차 공장을 대상으로 디지털 트윈 기반의 가상 공장을 시범운영하고 있다. 이를 통해 공장의 레이아웃, 로봇 배치, 물류 흐름 등을 가상 환경에서 시뮬레이션하여 최적화하고 있다. 이를 통해 실제 가동될 공장 건설 전에 오류를 발견하고 수정할 수 있다.

BMW는 2022년 이후 가상화 기술, 인공지능, 데이터 과학의 활용을 본격화하며 '아이팩토리(iFactory)'라는 새로운 제조전략을 수립했다. 이 전략은 단순하게 공장을 자동화하는 것을 넘어서서, 공장의 모든 요소를 디지털 네트워크에 연결하고 3D 스캐닝하여 실시간 디지털 트윈 환경을 구현하는 것을 목표로 한다. BMW처럼 공장 안 다양한 센서와 시스템에서 수집한 데이터를 통합 및 분석해서, 공장 운영 시 이상적인 형태의 비전을 설계하고 이를 통해 공장 운영의 자원 효율성을 향상시키는 다양한 시도들이 만들어질 것이다.

AI는 제품이 생산되고 판매되는 전 과정을 빠르게 변화시키고 있다. 하지만 이러한 AI를 기반으로 한 급격한 진보는 기계와 시스템이 인간의 일자리를 대체하리라는 오랜 우려를 재점화하는 것도 사실이다. 앞선 아마존의 사례처럼 단순반복작업들은 AI와 로봇에 의해서 빠르게 대체되고 있다.

실제로 AI기술의 도입은 인간의 일자리에 부정적인 영향을 주고 있다. 2024년 6월 〈파이낸셜 타임스〉 기사에 따르면, 세계 최대 리테일 유통업체 월마트는 최근 5년간 약 7만 명의 고용자들을 감축했다고 한다. 다양한 AI기술을 통해 자동화 창고 시스템 구축, 셀프 체크아웃 시스템 도입, 재고 자동 보충 로봇 등을 만들어왔고 이를 통해 동기간 수익은 1500억 달러 이상 증가했다. 하지만 시스템 혁신은 인간의 일자리를 대폭 축소시켰다. 이러한 AI기술로 인해 월마트 매장당 평균 다섯 명의 직원이 일자리를 잃었다. AI가 만드는 리테일 혁신은 효율성을 증대시킬 수 있지만, 인간 노동의 구조적 축소라는 부정적인 문제 역시 불러일으킨다는 것을 증명한 숫자다.

물론 긍정적인 시각 역시 존재한다. 스마트 팩토리가 제조 분야에 새로운 일자리의 진화를 이끈다는 시각이다. AI와 새로운 시스템 도입으로 인해서 이에 수반하는 로봇 운영 관리자, AI 데이터 트레이너 같은 일자리들이 늘어나고 있다. 아마존은 지난 10년간 다양한 로봇들이 그들의 공장에서 운영됨에 따라, 새로운 직무 카테고리가 수백 가지 이상 만들어졌다고 강조해왔다. 중량물 운반이나 유해한 환경에서의 작업 등에서 기존의 인간 작업자들을 벗어나도록 하는 대신, 아마존은 '커리어 초이스(Career Choice)'란 프로그램을 통해서 기존 직원들이 첨단기술 직무로 이동하도록 끊임없이 지원하고 있다. 이상적인 스마트 팩토리의 건설은 단순히 최첨단 기술의 도입이 아니라, 인간과 기계의 이상적인 협업 강화에 있다는 사실을 우리는 명심해야 한다.

상황이 이렇다보니, 최근에는 다양한 리테일 상황에서의 AI 도입이 인간 접대원에게 어떠한 영향을 미치는지에 대한 다양한 연구도 진행 중이다. 특히 인간보다 더 인간다운 AI의 등장이 함께 일하는 인간 판매원에 대한 고객의 태도에 어떠한 영향을 주는지가 주요한 연구 이슈다.

인간의 감정을 담은 AI의 등장

2014년에 개봉한 영화 〈그녀〉를 기억하는가? 이혼의 아픔을 겪고 있던 한 남성이 스스로 생각하고 느끼는 인공지능 운영체제인 '사만다'와 사랑을 나누는 내용의 영화다. 누군가를 사랑하게 되는 과정에서 만들어지는 연애 감정은 복잡하고 미묘하다. 영화가 아닌 현실에서도 AI가 그런 감정들을 인간처럼 느끼고 표현할 수 있을까? 아마 이 질문에 AI분야 전문가들은 이제 '그렇게 될 것이다'라고 대답할지 모르겠다.

챗GPT를 개발한 오픈AI는 2024년 5월 새로운 AI모델 'GPT-4o'를 처음으로 공개 시연하는 자리를 마련했다. 해당 행사에서 스마트폰으로 GPT-4o가 적용된 챗봇은 시연자와 함께 인간처럼 이야기하고 감정표현도 섬세했다. 시연자와 음성으로 소통하며 챗봇은 즉각적으로 상황에 맞게 농담을 던지기도 했다. 한마디로 AI시스템은 이제 사용자의 얼굴 표정과 같은 다양한 보디랭귀지를 읽어내고 그에 감정적인 대응을 하는 수준에 이르렀다.

이러한 AI기술의 발달로 인해 외로움을 해결해주는 연인, 친구 같은 역할을 해주는 서비스들도 앞다투어 등장하고 있다. 레플리카(Replika)는 AI 친구, 연인을 만들어 서로 소통하고 추억을 쌓아나가는 플랫폼 서비스다. 이곳에서 사용자들은 본인이 선택한 외모와 성격을 가진 아바타와 로맨틱한 대화에 몰입하여 유사 연애 감정을 느낄 수 있다. 캐릭터닷AI(Character.AI)는 실제 인물이나 캐릭터를 기반으로 하여 대화를 나눌 수 있는 서비스로, 테일러 스위프트 같은 셀럽이나 일론 머스크 같은 사업가의 성격과 외모를 부여한 아바타와 대화를 나눌 수 있다. 앞으로는 좋아하는 아이돌 스타들과 이야기하기 위해 팬미팅 현장에갈 필요가 없을지도 모른다. 아이돌 스타의 외모와 목소리를 닮은 AI 캐릭터들과 이야기를 나누는 것이 일반화될지 모른다.

인간은 오래전부터 사물들에 인간적인 속성을 부과하는 경향을 보였다. 대표적인 것이 의인화(Anthropomorphism)다. 특정 브랜드를 좋아하고 일상에서 빈번하게 이용하다보면 해당 브랜드를 자신의 일부로 생각하게 된다. 그러면서 해당 브랜드에 심리적이고 상징적인 가치를 자연스럽게 부여하게 된다. 이러한 과정을 거쳐서 사용자는 점차 브랜드를 인간처럼 느끼게 되고, 브랜드와 사용자는 깊이 있는 관계를 쌓게 된다. 우리가 알고 있는 코카콜라, 나이키, 애플 같은 유명한 브랜드들은 해당 브랜드들을 좋아하는 충성 팬들에게 차별화된 인간적 속성을 투영받아 인간처럼 인식되는 것으로 밝혀져왔다.

감정을 표현할 수 있는 AI가 구현되면서 인간보다 더 인간적인 AI 서비스가 등장하게 될 것이다. 사용자가 AI를 인간처럼 느끼게 되면, 만들어질 수 있는 긍정적인 효과가 있을 것이다. 대표적인 것이 좀 더 깊이 있는 대화를 통해 부정적인 감정을 해소할 수 있다는 점이다. 2025년 1월 울산과학기술원(UNIST)과 고려대학교 정신건강의학 연구팀이 '소셜 챗봇이 정신건강에 미치는 영향'을 분석한 결과에 따르면, 인간과 같은 감정을 표현하는 소셜 챗봇과의 정기적 상호작용은 외로움과 같은 부정적인 감정을

레플리카의 서비스 이미지

레플리카는 AI 친구, 연인을 만들어 서로 소통하고 추억을 쌓아나가는 플랫폼 서비스다.

큰 폭으로 감소시킬 수 있다고 한다. 그렇다면 AI가 인간화되면서 가져올 부정적인 효과는 무엇일까? AI의 인간화가 리테일 상황에서 어떠한 형태로 영향을 미치는지 밝혀낸 다양한 연구들이 있다.

인간 같은 AI 도입이 직원에 대한 부정적 처우를 불러온다

런던정치경제대학과 시카고대학교 부스경영대학의 연구진들은 AI기능을 탑재한 가상 비서와 휴머노이드 로봇과 같은 자율 에이전트가 인간의 지능과 행동뿐만 아니라 사회 정서적 능력까지 구현해낼 때, 이것이 인간에게 어떠한 영향을 미치는지 연구하고 그 결과를 2024년 〈소비자심리학 저널〉에 발표했다.

연구자들은 특히 AI가 인간과 비슷해질수록 실제 사람에 대한 인식과 대우에 영향을 미칠 수 있다고 가정하고, 이를 동화에 의한 탈인간화(Assimilation Induced Dehumanization) 이론으로 설명한다. 즉 인간이 AI가 자신과 유사한 마음을 가지고 있다고 인식할 때, 실제 인간과 AI를 무의식적으로 비슷한 범주로 묶는다는 것이다. 이러한 현상으로 인해서 실제 사람에 대한 인식을 비인간적인 AI에 더 가깝게 동화시켜, 그들을 더 비인간적으로 대우할 부정적인 영향이 생길 수 있다고 한다.

연구자들은 참가자들을 두 그룹으로 나누고, 한쪽은 AI가 높은 사회 정서적 능력을 가졌다고 인식하도록 하고 다른 한쪽은 그렇지 않다고 인식하게 했다. 예를 들어 AI를 탑재한 두 발로 걷는 아틀라스(Atlas) 로봇의 영상을 두 가지 버전으로 준비하고, 높은 사회 정서적 능력을 가진 조건에서는 해당 로봇이 음악에 맞춰서 신나게 춤추는 영상을 참가자들에게 보여주었다. 반면에 낮은 사회 정서적 능력을 가진 조건에서는 로봇이 기계적인 파쿠르(Parkour: 맨몸으로 다양한 지형 및 사물을 효율적으로 이용하여 이동하는 스포츠)를 수행하는 영상을 보여주었다.

연구자들은 로봇이 춤추는 영상을 본 참가자들이 단순하게 기계적인 파쿠르 동작을 하는 조건에 비해 더 높은 수준의 인간화를 느꼈다는 것을 발견했다. 그리고 AI에게 인간적인 감정을 느끼는 것이 실제 인간 직원들을 인식하는 데 어떤 영향을 미치는지 조사했다. 참여자들에게 아마존이 직원들에게 가혹한 근로환경을 제공한다는 정보를 제공하고 나서, 아마존의 상품권을 받을지 코스트코의 상품권을 받을지 선택하는 형태로 인간 직원에 대한 생각을 측정했다.

실험을 통해 AI가 인간처럼 감정적이고 사회적 능력을 더 많이 갖춘 것으로 여기는 참가자일수록, 인간 직원들에게 더 부정적인 행동을 보인다는 결과를 발견했다. 한마디로 AI가 더 인간적으로 보일수록 참가자들은 인간에게 더 열악한 근로조건 도입을 지지하거나 직원 복지를 위한 기부를 덜 하는 방향의 결정에 호의적인 태도를 보였다. 이러한 연구는 AI가 인간화되는 세상이 가져올 효과에 대해서 흥미로운 시각을 제공해준다.

　AI기술의 발전에 따라서 여러 서비스들이 소개되고 있다. 앞서 언급한 사례들처럼 AI을 활용한 다양한 인터랙티브 마케팅이 발전되고 있으며, 이러한 서비스들의 공통점 중 하나는 AI에 인격을 부여해 더 높은 수준의 인간화를 달성하는 데 있다. 문제는 AI의 인격화가 긍정적인 면뿐만 아니라 부정적인 영향 역시 가져올 수 있다는 데 있다. 인간보다 더 인간적인 감정을 가진 AI 서비스들이 다양한 방식으로 사회에 보급될수록 우리는 실제 사람에 대한 탈인간화 현상을 경험하게 될 수 있다. 특히 통신사나 금융기관처럼 AI챗봇을 통해서 즉각적이고 더 깊이 있는 수준의 응대를 하는 경우, 소비자가 AI를 인간처럼 느낄수록 이후 실제 직원들에 대한 대우에 부정적인 영향이 올 수 있다는 점을 고려해야 한다. 동일한 리테일 환경에서, AI와 실제 인간 서비스가 결합된 상황에서 지나치게 인간과 유사한 감정 공감 능력이 AI 서비스에 강조될 경우, 소비자가 실제 인간 접대원의 인간성을 낮게 평가하고 비인간적으로 대우할 가능성이 올라갈 수 있다는 사실을 알아야 한다.

부정적인 영향을 축소하기 위해서 AI의 독자적인 비인간적 능력을 강조하거나, AI에 의해서 제공되는 서비스와 실제 인간에 의해서 제공되는 서비스 간의 명확한 경계를 설정해야 할 것이다. 동시에 기업은 본질적으로 AI가 꼭 인간을 닮아야 하고 인간적인 모습이어야 하는가라는 근원적인 질문에 대해서 해답을 찾아가야 할 것이다. 그렇다고 AI기술의 도입이 비인간화를 가져오는 것만은 아니다. 다양한 리테일 공간에서 인간을 더 인간답게 만드는 기술적 도구로 AI기술을 훌륭하게 활용하는 경우도 늘고 있다.

기술이 더 인간적인 공간을 만들 수 있는가

'AI기술은 우리를 더 인간답게 만들어줄 수 있는가?' AI가 만드는 리테일 혁신은 효율성을 증대시킬 수 있지만 인간 노동의 구조적 축소라는 부정적인 논란 또한 불러일으킨다. 이처럼 AI기술의 도입은 흔히 인간 노동을 대체하거나 고객 서비스를 자동화하여 효율을 극대화하는 수단으로 인식된다. 하지만 AI기술의 도입이 리테일공간을 더 인간적으로 만들 수 있다는 것을 보여주는 사례들도 하나둘 생겨나고 있다.

대표적인 사례가 도쿄의 아바타 로봇 카페 던 버전 베타(Avatar Robot Café DAWN ver.β)다. 이 공간은 '기술은 더 인간적인 공간을 만들 수 있는가?'란 질문에 '그렇다'라는 대답을 만들어내기 위해 시작되었다.

도쿄의 대표적인 상업지구인 니혼바시 지역에 위치한 이 카페에 방문하면 오리히메(OriHime)라는 로봇이 반갑게 맞이한다. 외국인이 방문하면 영어로 환영 인사를 건네기도 한다. AI기술을 통해서 방문객의 인종을 구별하고 대화를 시도하는 듯해 보이지만, 사실 이 로봇은 인간에 의해 원격으로 조종되고 있다. 카페에서 고객들에게 환영 인사를 건네는 로봇은 자율적으로 움직이거나 말을 하지는 않는다. 대신 루게릭병(ALS), 다발성 경화증, 중증 근육질환 등을 앓는 이들이 집이나 병상에서 로봇을 원격으로 조작하며 고객을 응대한다. 이 카페의 방문자는 로봇 앞에 놓인 아이패드 화면을 통해서, 로봇을 원격 조종하며 자신을 응대하는 파일럿에 대한 자세한 정보와 얼굴을 확인할 수 있다.

이 카페는 기술을 사회적 가치에 연결시키고자 오랜 기간 노력해온 일본 로봇기업 오리랩(OryLab Inc.)에 의해서 만들어졌다. 오리랩은 그들이 가진 AI기술과 로봇 기술을 접목하여 신체적 장애, 정신질환 또는 고령으로 인해서 움직임에 제약이 있는 사람들이 사회구성원들과 더 활발하게 소통하도록 돕는 일종의 '또 다른 자아(Alter-Ego)' 로봇을 개발하는 데 노력해왔다. 도쿄의 아바타 로봇 카페 던 버전 베타는 이러한 오리랩의 기술이 총체적으로 집약된 리테일공간이다. 카페의 브랜드 이름인 던(DAWN)은 '다양한 아바타 로봇을 이용한 원격근무 네트워크(Diverse Avatar Working Network)'의 약자로, 아바타 로봇을 이용한 원격근무 카페를 의미한다.

이 카페에서 다양한 업무를 담당하는 로봇들은 모두 중증의 신체장애를 가진 사람들에 의해서 원격으로 조작된다. 방문객들을 가장 먼저 환영하는 오리히메 로봇은 카메라, 마이크, 스피커를 탑재하고 있고 인터넷을 통해서 원격으로 조작된다. 이 카페를 위해 일하는 중증의 신체장애를 가진 사람들은 컴퓨터나 스마트폰을 이용해 오리히메 로봇에게 고개를 끄덕여 의사표현을 하거나 손동작으로 다양한 감정들을 전달할 수 있다. 오리히메 아이(OriHime eye)라는 시선 추적 장치를 개발해 루게릭병 환자같이 손을 거의 쓸 수 없는 이들도, 눈동자의 움직임만으로 문자를 입력하고 그 문장을 음성을 읽어주는 형태로 응대할 수 있도록 했다.

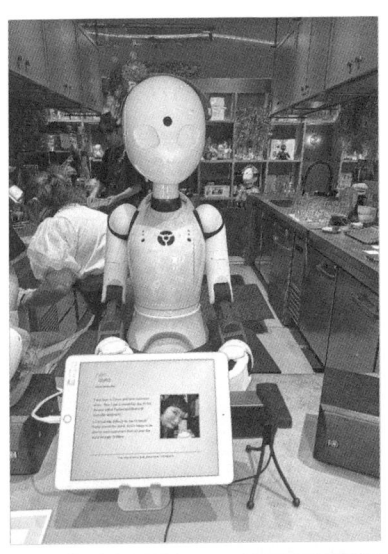

아바타 로봇 카페 던 버전 베타의 AI로봇 '오리히메'

오리히메가 주로 매대에서 활약한다면, 오리히메-D(OriHime
-D)라는 또 다른 로봇은 상반신에 14개의 관절 모터를 탑재하고
있어서, 물건들을 옮기거나 카페의 손님들에게 직접적으로 응대
할 수 있도록 설계되어 있다. 주로 테이블 위에 놓인 오리히메 로
봇이 고객 대상으로 일대일 대화에 집중해서 개인화된 경험을
전달한다면, 오리히메-D는 고객이 주문한 커피나 음료들을 운
반하는 데 사용된다. 텔레바리스타(Tele-Barista) 체험, 즉 원격으
로 로봇을 이용해 커피를 제조하는 것도 시연해줄 정도로 로봇
을 조종하는 파일럿들은 잘 훈련되어 있다. 약 60~90명의 신체
적 제약이 있는 파일럿들이 다양한 방식으로 이 카페에 고용되
어서 일하는 것으로 알려져 있다.

자동화의 도구 vs 인간의 친구

AI기술이 신체적 제약을 가진 파일럿과 로봇을 자연스럽게 잇
는 기능을 수행한다. 최신의 AI기술을 다양한 방식으로 활용해
파일럿이 입력한 텍스트를 자연스럽게 음성으로 변화하는 형태
의 음성 대화를 지원해준다. 또한 매장 내 AI기술을 통해 로봇의
이동 경로, 고객의 동선, 테이블 배치 등을 분석하고 예측하여,

카페 내에서 로봇들이 서로 충돌하는 것을 막고 효율적인 방식으로 움직일 수 있도록 돕는다.

오리랩은 이 카페의 핵심가치를 인간과 AI로봇의 협업에 둔다. AI를 도입해서 효율을 극대화하고 인간을 대체하는 것이 아니라, 인간이 해야 하는 부분과 AI로봇이 활용되는 부분들을 명확히 구분하고 AI를 철저하게 인간화를 위한 도구로 사용한다. 이 카페의 방문객들은 화려한 AI기술을 보러 오는 것이 아니다. 지금 테이블에 앉아서 로봇을 통해서 말을 걸어오는 '세상과 연결되고자 하는 누군가'와 연결경험을 하고자 이곳에 온다. AI와 로봇 기술은 이 카페 내에서 방문객과 사회적으로 연결되고 싶어 하는 중증 환자들의 '따뜻한 상호작용'을 돕는 조력자 역할을 충실히 하도록 설계되어 활용되고 있다.

아바타 로봇 카페 던 버전 베타는 기술이 단지 효율을 넘어 포용, 연결, 존중이라는 본질적인 인간경험을 확장할 수 있음을 보여주는 상징적 리테일공간이다. AI는 이곳에서 효율성을 위한 '자동화의 도구' 혹은 '인간의 적'이 아닌 공감의 매개체이자 '인간의 친구'로 자리잡는다.

세상에 없는, 가장 독창적인
예술공간의 탄생

최근 혁신적인 AI기술을 예술성에 결합해 독창적인 경험을 전달해주는 곳이 바로 팀랩(teamLab)이 도쿄에 오픈한 공간들이다. 팀랩은 2001년 엔지니어 출신 이노코 토시유키가 친구들과 창업한 일종의 예술창작집단이다. 초기 학제적인 성격을 띠며 소규모 프로젝트를 진행해온 이 회사가 프린터 회사 엡손과 손잡으면서, 가장 독창적인 오프라인 공간경험을 전달하는 혁신 디지털 아트그룹으로 성장했다.

그들의 가장 잘 알려진 전시회가 '팀랩 보더리스(teamLab Borderless)'다. 2018년 오다이바팔레트타운의 모리디지털아트뮤지엄에서 시작된 이 전시회는 단일 전시로는 370만 명이라는 최다 방문객 기록을 세우며 기네스북에 등재되었다. 2024년 2월 도쿄 아자부다이힐스의 개장에 맞춰, 새롭게 업데이트한 전시회를 열고 지금까지 이어가고 있다. 이 전시의 핵심은 500대가 넘는 프로젝트 빔으로 전시장의 벽, 바닥, 천장 등에 고해상도의 아트 이미지를 투사하는 '프로젝션 매핑' 기술을 통해 다양한 테마의 공간경험을 전달하고, 관람객의 움직임에 따라 프로젝션 매핑 이미지들이 실시간으로 변하게 하여 인터랙티브 아트를 구현하는 데 있다. 한마디로 팀랩 보더리스는 최신의 혁신 기술들(센서, 실시간 렌더링, 프로젝션 매핑, 인공지능 등)을 결합한 몰입형 디지털 아트공간이라 할 수 있다.

AI기술을 통해서 방문객의 움직임, 시선, 스마트폰 상호작용 등에 반응하여 작품이 유기적으로 변화하며 관람객과 함께 '호흡하는' 예술경험을 제공하는 것이 차별화 포인트다. 관람객의 위치와 움직임, 벽의 어떤 이미지를 터치하느냐에 따라 공간을 비추는 이미지가 즉각적으로 변화한다. 예를 들어 〈공명하는 램프의 숲〉이라는 작품이 송출되는 방에서 관람객이 벽에 가까이 가면 램프가 빛나고 그 빛이 주변 램프에 퍼지는 형태다.

AI 및 머신러닝이 방문객의 패턴을 학습해 매핑, 광원, 움직임의 시퀀스를 자동 조정함으로써 방문객들에게 최적화된 맞춤형 경험을 제공하기도 한다. 그냥 의미 없이 이미지들이 랜덤하게 반복적으로 송출되는 고정 예술이 아니다. 각 방문객의 움직임, 예술작품과의 교류 정도 등의 다양한 데이터들이 분석되어, 방문할 때마다 사실상 같은 공간에 가도 전혀 다른 경험을 할 수 있도록 공간이 살아 숨쉬는 동적 예술 형태로 운영된다.

개인적으로 이 전시회에 갔을 때 가장 인상적인 공간은 전시회 내부에 만들어진 차를 마실 수 있는 공간 '엔 티 하우스(En Tea House)'였다. 이곳은 차를 마시는 것을 넘어 기술과 예술이

팀랩 보더리스 전시

팀랩 보더리스 전시장 내부의 엔 티 하우스

결합된 감각적이고 몰입적인 경험을 전달한다. 엔 티 하우스에 들어가면 테이블을 포함한 모든 공간이 암흑으로 뒤덮여 있다. 방문객이 주문한 찻잔이 테이블에 놓이면 천장에 설치된 다양한 각도의 프로젝터들이 차 표면으로 아름다운 디지털 이미지를 쏜다. 이곳 방문객은 본인의 찻잔에 담긴 차 표면 위로 아름다운 꽃이나 나무가 피어나는 모습을 볼 수 있다.

동시에 센서 기술을 통해 찻잔을 움직일 때마다 잔을 따라 꽃잎이 흩날리는 등 다채로운 움직임을 느낄 수 있도록 인터랙티브한 경험으로 구성되어 있다. 내 찻잔 위에 앉은 나비 한 마리가 날아가 바로 옆 테이블 관람객의 찻잔 위에 앉는 모습을 바라보면 자연스럽게 그들과의 동질감이 피어난다. 이 공간에서 차를 마시면 팀랩이 이야기하는 '보더리스(Borderless: 경계가 허물어진)'라는 공간 주제가 그대로 와닿는다. 서로 안면이 없는 타인과 예술적인 경험을 자연스럽게 공유함으로써, 경계가 허물어진 공간이 가지는 연대적 가치를 자연스레 깨닫게 된다.

결국 핵심은 기술이 전달하는 가치다. 아바타 로봇 카페 던 버전 베타나 엔 티 하우스처럼 AI로 무장한 리테일공간들이 무수히 탄생할 것이며, 해당 공간에서 전달되는 긍정적인 고객경험이 중요해질 것이다. 그러한 긍정적인 고객경험은 꼭 혁신 기술을 통한 효율성 증대로부터 나오지 않는다는 것을 두 공간이 증명해준다.

관건은 고객의 혁신경험이다

혁신적 고객경험을 전달하려는 시도들

"AI는 인간 예술을 대체할 수 없다. AI는 아무리 뛰어난 작품을 생성해도 (삶의) 의미나 삶의 경험을 담지 못해 감동을 선사하지 못할 것이다."

SF소설 작가 테드 창이 2024년 6월 12일 〈제3회 사람과 디지털 포럼〉의 기조연설에서 한 말이다. AI가 산업 전반을 넘어 우리 삶에 큰 영향력을 줄 수 있는 일종의 게임체인저 역할을 맡게 된 것은 부인할 수 없는 사실이다. 이에 우리는 AI가 할 수 없는, 오직 인간만이 할 수 있는 고유한 분야가 무엇일까를 고민하고 있다. 테드 창이 말한 '감동' 역시 그런 고민에서 나온 화두일 것이다.

실제로 AI는 인간의 고유한 영역이라고 여겨졌던 창작에서도 인간을 대체하는 다양한 시도를 해나가고 있다. 국내에서도 생성형AI를 활용한 광고들이 쏟아져나오고 있으며, 이제는 AI가 직간접적으로 제작한 광고가 하나의 트렌드로 확고하게 자리잡았다고 해도 과언이 아니다.

SF영화의 단골 주제였던 AI를 대중이 '현실'로 인식하게 된 것은 2022년 11월 챗GPT가 공개되었을 때부터였다. 창작이란 영역에 혁신을 가져온 이 생성형AI의 등장은 그 자체로 파괴적 혁신을 만들고 있다. 투자은행 UBS에 의하면, 챗GPT는 출시된 지 2개월 만에 월간 활성 유저수(MAU) 1억 명을 넘어섰다. 틱톡이 MAU 1억 명을 달성하는 데 9개월 가까이 걸렸다는 사실과 비교해보면, 이 AI 서비스가 대중들의 관심을 얼마나 빠르게 사로잡았는지 알 수 있다. 챗GPT가 대중들의 관심을 사로잡은 후 마이크로소프트, 구글, 테슬라, 애플 등 수많은 빅테크기업들은 그들의 핵심사업을 AI 분야로 두고 투자 및 개발 열풍을 만들어왔으며, 다양한 기업들이 그 흐름에 동참하고 있다. AI의 기술을 활용해 혁신적인 고객경험을 전달하려는 시도들이 어떠한 형태로 발현되고 있는지 살펴보자.

라이프스타일 전반에 걸친 고객경험 혁신

AI는 혁신기술들을 기반으로 전반적인 라이프스타일에서 혁신적 고객경험을 만들어나가리라 예측된다. 먼저 식품 분야를 살펴보도록 하자. 좋은 먹거리를 선별하고 그것들을 추천·상담하고 소비·판매하는 전 과정에 걸쳐 AI기술들이 사용될 것이다. 돼지고기 품질 검수에 AI기술을 접목하여 '황금비율을 가진 삼겹살'을 찾아주겠다고 나선 롯데마트가 대표적인 사례라 하겠다. 롯데마트는 신선품질혁신센터에 AI장비를 도입했다. AI가 삼겹살의 단면을 분석해서 살코기와 지방의 비중을 확인하고, 좋지 않은 과지방 비율이 높은 삼겹살을 걸러내는 시스템을 운영 중이다. 한편 풀무원은 2023년 8월 식품업계 최초로 고객용 AI챗봇인 '풀무원 GPT' 개발에 착수했다고 발표했다. 향후 풀무원이 판매하는 다양한 먹거리에 대한 문의를 AI가 처리하는 AI컨택센터를 운영하겠다는 이야기다. 이제 채팅에 남겨진 텍스트 데이터를 AI기술로 분석해서 고객의 니즈를 자동으로 파악하고, 이를 기반으로 해당 고객에게 가장 적절한 먹거리를 추천해주는 시대가 열릴 것이다.

먹거리를 소비·판매하는 과정에도 AI가 활발하게 사용될 수 있다. 누비랩(Nuvilab) 같은 기업이 개발한 AI 푸드스캐너가 대표적 사례다. 사용자가 자신이 소비할 음식들의 사진을 찍어서 올리면 카메라 센서로 음식의 종류와 양을 실시간으로 분석해준다. 이런 푸드스캐너가 가정이나 구내식당에 비치되면, 간단한 촬영만으로 개개인의 식습관을 분석하고 더 건강한 음식 소비를 돕는 경험혁신이 일어날 것이다. 더불어 계산대 앞에서 기다리는 일이 아예 없어질 수도 있다. 식음료기업 SPC는 고객이 상품을 계산대 위에 올려두기만 하면, 1초 전후의 짧은 시간 만에 제품을 인식해 빠른 결제가 가능한 AI 스캐너를 도입할 계획이다.

다음으로 뷰티 분야를 살펴보자. 아모레퍼시픽은 AI가 설계해주는 고객 맞춤형 스킨케어 서비스를 다양한 방식으로 론칭하고 있다. 한국 여성들의 피부 이미지들을 바탕으로 피부 임상전문가의 평가를 학습하여 진단해주는 '닥터 아모레'가 대표적 사례다. 닥터 아모레는 얼굴 사진만 있으면 그의 주름, 색소침착, 모공 등 피부 고민에 대한 진단을 곧바로 내려주는 시스템이다. AI를 기반으로 한 테스트 결과가 임상전문가들의 육안 평가와 높은 상관관계를 보일 정도로, 정밀한 피부진단이 가능한 것이 핵심이다. 이 기술을 기반으로 2024년 1월 아모레는 '스킨노트'란 서비스도 론칭했다. 고객들이 자신의 피부를 촬영하고 진단받으면, 이 결과를 바탕으로 세부적인 팁과 상품을 추천받을 수 있다. 동시에 아모레는 오프라인 현장에 다양한 AI 기반의 분석기계들을 도입해 개개인에게 적합한 화장품을 제공하는 서비스를 실시하고 있다. '아모레 성수'에 비치된 AI머신으로 피부톤을 측정하면 그 결과를 바탕으로 로봇이 현장에서 맞춤형 파운데이션을 제조해주는 식이다.

마지막으로 헤어 분야에도 AI기술의 도입이 활발하게 이뤄지는 중이다. 로레알은 2022년 국제전자제품박람회(CES)에서 헤어살롱용 AI 뷰티디바이스인 '컬러라이트(Coloright)'를 공개했다. 고객 맞춤형 모발 색상을 생성해주는 기계로, 알고리즘에 기반해 고객이 원하는 색상을 정확하게 제공해준다. 간단한 장비를 통해 고객의 새치 수준, 모발 길이, 모발 강도 등 염색에 영향을 주는 요소들을 측정한 후 정교하게 분석해, 1500가지 이상의 초개인화된 맞춤형 색상을 제안하는 것이 특징이다.

우리의 삶을 더 안전하게 만들어갈 경험들

AI기술은 먹고 꾸미고 살아가는 우리의 라이프스타일을 더 나은 방향을 바꿔줄 뿐만 아니라 우리의 삶이 부정적인 경험으로 흐르지 않도록 도울 수 있다. 한마디로 우리의 삶을 더 안전하게 만들어갈 다양한 경험이 AI를 통해 만들어지고 있다. 대표적으로 금융 분야에서는 고객에게 발생할 수 있는 다양한 금융사고 요소들을 줄여주는 방향으로 AI기술들이 사용되고 있다. 농협은행은 고객의 금융거래 패턴과 자금흐름, 오픈뱅킹 변경내역 같은 금융 관련 정보를 고객의 위치정보, 스마트폰 앱 내 악성코드, 원격앱 설치 여부 등의 외부 정보와 결합·분석하여 보이스피싱 같은 의심 거래를 사전에 방지하는 AI시스템을 운영 중이다. 신한은행은 자사의 ATM을 이용하는 고객이 거래 중 비정상적인 방식으로 통화하거나 선글라스, 모자를 착용하는 등 의심할 만한 모습을 보이면 AI가 이를 탐지해 주의 문구를 보내고 추가로 본인인증을 요구하는 'AI 이상행동 탐지 ATM'을 도입했다.

은행뿐 아니라 보험사들도 AI기술을 통해 위험에 대한 관리와 보장이라는 측면에서의 혁신경험을 전달해줄 것이다. 결국 보험은 인간이 위험을 감지하는 순간에 가장 필요성이 증대되는 서비스다. AI 기반 자동차 자동청구 서비스를 제공하는 스타트업 '트랙터블'은 사고를 당한 운전자가 자신의 차량 사진을 찍어서 플랫폼에 제출하면 피해 정도를 분석해준다. 게이코(Geico), MSAD, 토키오마린(Tokio Marine) 같은 다수의 글로벌 손해보험사들이 이러한 생성형AI기술을 적극적으로 도입하고 있다. 미국 손해보험사 트래블러스는 항공사진을 AI로 분석해서 주택, 건물 등 재물보험의 손실액을 빠르게 산출하는 서비스를 사용

중이다. 자동차 사고, 재난과 같은 사회적 위험이 발생하는 상황에서 고객들에게 더 빠르게 안정적인 보장을 해주는 보험 본연의 역할이 AI기술을 통해 더욱 혁신되리라 본다.

증권 분야 역시 고객이 맡긴 돈을 잃는 위험을 감수하지 않기 위해 다양한 AI기술들을 도입해나가고 있다. 최근 들어 다양하게 소개되고 있는 금융 RA서비스가 대표적이다. RA는 '로봇 자산관리 전문가(Robot Advisor)'의 약자로, 인공지능과 알고리즘을 활용하여 개인의 투자 목표에 맞춰 자산관리 포트폴리오를 추천하고 자산을 자동으로 운영하는 서비스를 말한다. 이제는 RA서비스가 단순하게 금융 데이터를 분석하여 추천만 하는 것을 넘어 실제 매매까지 대신해주는 일임형으로 확장되고 있다. 수익도 나쁘지 않다. 〈헤럴드경제〉가 미래에셋증권 고객 데이터를 분석한 결과에 따르면, 2025년 7월 기준으로 최근 2년간 RA의 맞춤 설계를 1회 이상 경험한 고객의 평균 수익률은 14퍼센트였다. 반면 동일한 서비스에 가입했더라도, 계좌를 스스로 운영한 고객의 수익률은 12퍼센트에 머물렀다. 특히 AI를 기반으로 한 투자방식이 급격한 시황 변동에서 더 우수한 성과를 낼 수 있다는 것이 다양한 데이터로 증명되고 있다. 어려운 시기, 노력을 덜 들이면서 더 안정적으로 수익을 낼 수 있는 투자방식이 AI에 의해서 만들어졌다고 할 수 있다.

금융 분야가 심리적 형태의 안전성을 보장한다면, 산업현장에서의 AI 활용은 인간의 신체적 안전성을 보장하는 형태로 활용되고 있다. 미국의 빌트로보틱스(Built Robotics)는 건설현장에서 쓰이는 중장비들을 자율로봇 형태로 개조해주는 AI 클라우드 기반 토목공사 솔루션을 제공하는 회사다. '키트(Kit)'라는 간단한 단말기만 장착하면 기존에 사용히던 중장비가 자율주행 및 자동화가 가능한 로봇으로 변신하는데, 위험성이 높은 임무를 인간 대신 로봇이 완료할 수 있도록 돕는다. 미국 로봇 전문기업인 보스턴다이내믹스도 휴머노이드 로봇 '아틀라스'가 건설현장의 비계(임시로 만든 가설 발판) 위에서 인간을 도와 위험한 임무를 수행하는 테스트를 진행 중이다.

일상에서 다양한 위험에 처할 수 있는 약자들을 돕는 AI기술도 다양한 방식으로 개발되고 있다. 위로보틱스(WIRobotics)의 보행 보조 웨어러블 로봇 '윔(WIM)'은 걷기 힘든 고령자들이 다치지 않고 잘 이동할 수 있는 솔루션을 제공한다. 로봇을 벨트처럼 장착하면 보행 시 다리를 들어주는 효과가 나타나며, 근력 저하를 겪는 노령층들이 안전하게 이동하거나 무거운 짐을 드는 데 도움을 줄 수 있다. 암과 같은 생명을 위협하는 질병을 보호하는 영역에서도 다양한 AI기술이 사용될 예정이다. 암은 조기발견 시 완치 확률을 높일 수 있다. AI 의료기기 웨이센(Waycen)은

내시경검사에 AI기술을 활용, 암을 포함해 위험성이 높은 병변
들을 정확하고 빠르게 감지·분석하여 치료의 가능성을 높이는
도구다. 웨이센의 AI내시경을 사용하면 인공지능이 실시간으로
환자의 이상부위를 감지해, 의료진이 현장에서 즉각적으로 확인
할 수 있도록 한다.

AI, 어둠을 밝혀줄 새로운 불?!

"AI는 인류에게 작동하고 있는 가장 심오한 것 중 하나다. 불이
나 전기보다 더 심오하다."

구글 최고경영자 순다르 피차이의 말은, 앞서 언급한 테드 창
의 이야기와 정반대의 시각을 보여준다. AI가 만들어갈 고객경
험 혁신 부분에 집중할 때, 우리는 AI를 더 희망적인 시각으로
바라볼 수 있을지 모른다. AI를 기술적인 관점, 즉 SoC(System
on Chip) 데이터 프로세싱과 AI알고리즘이 결합된 '지능형 기계'
를 통한 제조업 혁신으로 바라보는 것도 중요하지만, 우리를 더
나은 삶으로 이끌어줄 고객경험 혁신의 도구로 바라보는 것 역
시 무척 중요하다. AI기술에 너무 집착하다보면 숲이 아니라 나
무만 보게 되어 자칫 본질적인 가치를 확장시킬 기회를 놓칠 수

있다. 그런 의미에서 최근 아마존이 만든 무인매장 '아마존 고(Amazon Go)'의 실패가 주는 교훈은 크다.

아마존 고는 물건을 들고 나가기만 하면 결제가 저절로 이뤄지는 '저스트 워크 아웃 기술(Just Walk Out Technology)'을 도입한 혁신적인 무인매장이었다. 매장에 점원을 두는 대신 천장에 설치된 100대 이상의 카메라와 상품의 무게를 측정하는 센서들이 컴퓨터 비전, 딥러닝 같은 최첨단 AI기술과 결합해 매장 내 고객들의 움직임을 실시간으로 분석하고 감지했다. 문제는 이 기술이 고객이 원하는 '다양한 식품을 선택하고 소비한다'는 핵심가치로 나아가지 못했다는 점이다. 처음에는 최첨단 매장이 신기해서 방문했던 고객들도, 먹거리를 선택하고 소비하는 데 차별화된 가치를 얻지 못하자 더 이상 아마존 고에 가지 않았다.

결국 미국에서 아마존 고는 '신기하지만 다시 이용하지 않는 곳'이라는 오명이 붙었고 시장에서 참패했다. 아무리 좋은 AI기술이라도 그것을 이용하는 사람들에게 가치 있게 여겨지지 않으면 실패한다는 교훈을 준 것이다. 결국 테드 창의 말처럼 AI가 한계를 가진 한낱 기계로 남을지, 신인류에게 엄청난 희망을 가져다줄 횃불이 될지는 그것을 사용하는 고객들에게 혁신경험을 줄 수 있는지에 달려 있다. 우리가 AI를 기술적 차원이 아니라 고객경험 차원에서 들여다봐야 하는 이유다. 이 책에서 고객경험에 단계에 따라서 전달하고자 한, AI가 창출할 수 있는 경험적 가치는 아래의 표로 요약될 수 있다.

단계	고객 행동 관점	AI의 주요 역할	AI가 창출하는 경험적 가치
Creating : Pre-Journey	고객을 만나기 위한 콘텐츠를 기획·창작하는 단계	스토리텔러이자 디자이너로서 인간의 상상력을 증폭시킴. 감정의 언어를 이해하고, 시각·음성·영상 등 다양한 감각으로 표현하는 창의적 협업자로 작동	인간의 감성을 확장하는 감정 기반 창의성 창출. 스토리와 비주얼이 결합된 몰입형 콘텐츠 제작
Finding : Awareness/ Consideration	고객이 정보를 찾고, 브랜드를 발견하는 단계	검색엔진을 넘어선 대화형 가이드로 진화. 사용자의 의도와 맥락을 실시간으로 읽어 맞춤형 정보 제공	'검색(Search)'에서 '대화(Dialogue)'로의 전환. 탐색과정의 감정적 피로 최소화
Under-standing : Decision Insight	핵심 타깃을 분석하고, 고객의 숨은 욕망을 해석, 적절한 콘텐츠를 매칭해주는 단계	시장과 고객 심리를 읽는 분석가로서, 빅데이터 속에서 인간의 욕망·패턴·감정을 해석. 'Digital Twin of Customer'를 통해 가상의 고객모델을 정교하게 구성. 이를 기반으로 고객의 욕망에 가장 적합한 콘텐츠를 추천	데이터 기반 정밀 공감(Micro Empathy) 형성. 고객의 '미래 행동'을 예측하는 선제적 마케팅 시행
Commu-nicating : Pur-chase & Experi-ence	고객이 브랜드와 감각적으로 교감하며, 구매가 이루어지는 단계	오감으로 소통하는 멀티모달 커뮤니케이터로서, 언어·이미지·소리·공간을 통합해 브랜드경험을 실시간으로 조율	감각적 몰입. 온라인과 오프라인의 경계가 사라진 통합형 브랜드 경험

디지털문화심리학자라는 타이틀로 활동한 지 10년이 넘었다. 일상에서 그 누구보다 아날로그적인 삶을 추구하는 내가 AI에 관심을 가지게 된 이유는, 이 혁신기술이 삶에 대한 의미를 되묻게 만들었기 때문이다. AI가 점점 더 많은 사고의 영역을 대신하면서, 우리는 오히려 한 인간으로서 '생각한다는 것의 의미'를 고민하게 되었다. AI는 우리가 '생각하지 않아도 되는 시대'를 열었지만, 그 편리함이 역설적으로 '깊은 사고(Deep Thinking)'의 필요성을 일깨웠다고 나는 믿는다. AI를 '우리의 존재 이유와 사유의 필요성을 되돌아보게 만드는 거울'로 바라보는 시간을 가지길 바라며 이 책을 마무리한다.

AI마케터가 온다

초판 1쇄 발행 2025년 11월 20일

지은이 이승윤
발행인 김형보
편집 최윤경, 강태영, 임재희, 홍민기, 강민영, 박지연, 김아영
마케팅 이연실, 김보미, 김민경, 고가빈 **디자인** 김지은, 박현민 **경영지원** 최윤영, 유현

발행처 어크로스출판그룹(주)
출판신고 2018년 12월 20일 제 2018-000339호
주소 서울시 마포구 동교로 109-6
전화 070-5080-4037(편집) 070-8724-5877(영업) **팩스** 02-6085-7676
이메일 across@acrossbook.com **홈페이지** www.acrossbook.com

ⓒ 이승윤 2025

ISBN 979-11-6774-252-0 03320

만든 사람들
편집 고아라 **디자인** 이석운